Ingrid Miklitz
Der Waldkindergarten

Ich danke meinen Kindern
für ihre Inspiration und Langsamkeit.

Ingrid Miklitz

Der Waldkindergarten

Dimensionen eines pädagogischen Ansatzes

LUCHTERHAND

Die Deutsche Bibliothek - CIP-Einheitsaufnahme

Miklitz, Ingrid:
Der Waldkindergarten : Dimensionen eines pädagogischen Ansatzes/
Ingrid Miklitz. - 2., aktualisierte und erw. Aufl.. - Neuwied ; Berlin :
Luchterhand, 2001
ISBN 3-472-04748-8

Satz: Thorsten Falke, Berlin
Umschlaggestaltung: Jens Klennert, Tania Miguez
Fotos: Robert Michel (33, 34, 35, 36)
Eva Maria Kohl (36)
Ingrid Miklitz (35, 69, 122, 123, 124, 192)
Christoph Engel, VISUM (70, 71, 72, 121, 123, 124, 189, 190, 191)
Druck, Bindung: Neumann Druck, Heidelberg
Printed in Germany, Juli 2001

Inhalt

I. Der Waldkindergarten

1. Allgemeines

1.1 Geschichte der Wald-, Natur- und Wanderkindergärten

> »In den Wäldern sind Dinge, über die nachzudenken, man jahrelang im Moos liegen könnte.«
>
> Franz Kafka

Die »Urmutter« des Waldkindergartens[1] ist Ella Flatau, die vor rund 45 Jahren im dänischen Sollerod den ersten Waldkindergarten gründete. Ausgangspunkt war eine Elterninitiative. Frau Flatau ging täglich mit ihren eigenen Kindern in den Wald. Die Nachbarn beobachteten dies. Kindergartenplätze waren knapp; zudem fanden die Eltern Gefallen an der neuen Idee. Sie gaben ihre Kinder in die Obhut von Ella Flatau. Bald schlossen sich andere Eltern an. Aus dieser Elterngemeinschaft entstand der erste »skovbornehaven« (dänisch: Waldkindergarten). Inzwischen gibt es über 80 Einrichtungen dieser Art in Dänemark[2].

In Deutschland gründete Ursula Sube vor 30 Jahren in Wiesbaden den ersten Waldkindergarten. Im Frühjahr 1968 erhielt der Kindergarten die amtliche Genehmigung. Da Ursula Sube keine Ausbildung als Erzieherin hatte, flossen auch keine öffentlichen Gelder. Die Finanzierung erfolgte ausschließlich über Elternbeiträge. In den Gruppen waren jeweils 15 Kinder. Frau Sube wusste nichts von der Existenz dänischer Waldkindergärten. Aus ihrem Modell entwickelten sich keine weiteren Initiativen.

---

1 Der Begriff Waldkindergarten wird im folgenden synonym für Natur- und Wanderkindergärten verwendet.

2 Anschriften: Stovbornehaven Lillerod, Irisgarden, Irisvej 3, DK-3450 Allerod; Stovbornehaven Klampenborg, Christiansholmsvej 18, DK-2930 Klampenborg

1991 lasen die angehenden Erzieherinnen Kerstin Jebsen und Petra Jäger in einer Fachzeitschrift einen Artikel über die dänischen Waldkindergärten. Das darin vorgestellte Konzept entsprach ihren alternativen Vorstellungen. Nachdem sie in Dänemark hospitiert, eine Konzeption entwickelt und einen Verein gegründet hatten, konnten sie die Behörden allmählich überzeugen. 1993 wurde der erste deutsche staatlich anerkannte Waldkindergarten in Flensburg eröffnet. Durch die intensive Öffentlichkeitsarbeit des Flensburger Waldkindergartens[3] und viele Besucher wurde die Idee weitergetragen.

1994 folgte die Eröffnung des Waldkindergartens Berglen in Baden-Württemberg. Die Initiatorin Waldtraud Manaa leistete Pionier- und Überzeugungsarbeit[4] – vor allem im Umgang mit den zu dieser Zeit noch skeptischen Ämtern und Behörden in Deutschland.

Seit Mitte der 90er Jahre gründeten sich weitere Waldkindergärten, begleitet von zum Teil sehr kontroversen Diskussionen in der pädagogischen Fachpresse. Heute gibt es ca. 200 Einrichtungen dieser Art in Deutschland. 1996 wurde der »Bundesarbeitskreis der Naturkindergärten in Deutschland« gegründet, im Okt. 2000 der Bundesverband.[5]

Der bayerische Landesverband wurde im Juni 1999 gegründet. In Baden-Württemberg gibt es seit März 2000 ebenfalls einen Landesverband (Adressen im Anhang).

Waldkindergärtnerinnen sind im allgemeinen hoch motiviert und engagiert. Sie äußern sich sehr zufrieden über ihre Arbeit. Fast alle haben vorher in Regelkindergärten gearbeitet und berichten, wenn sie die Einrichtungen vergleichen, von weniger Stress und Lärm im Waldkindergarten, sprechen von einer als sinnvoll empfundenen Arbeit. Finanzielle Unsicherheit und die zum Teil geringere Bezahlung als in Regelkindergärten (durch den Wegfall von Weihnachtsgeld und Zusatzversorgung) stehen auf der Negativseite.

---

[3] siehe auch Informationsschrift des Waldkindergartens Flensburg, Verein »Waldkindergarten e.V.«, 24943 Flensburg, Max-Reger-Str. 32, Kerstin Jebsen und Petra Jäger

[4] siehe auch Informationsschrift des Waldkindergartens Berglen e.V., »Der Waldkindergarten«, W. Manaa, Rechbergstr. 11, 73663 Berglen

[5] Informationen zum Bundesverband gibt es beim Naturschutzzentrum Hessen, Friedenstr. 38, 35578 Wetzlar; dort ist auch ein Verzeichnis deutscher Waldkindergärten erhältlich.

1.2 Formen des Waldkindergartens und pädagogische Leitgedanken

Der klassische und der integrierte Wald- und Naturkindergarten

Nach dänischem Vorbild entstanden auch in Deutschland Waldkindergärten unterschiedlicher Ausprägung: klassische und integrierte.

Der klassische Waldkindergarten

Die Kindergruppe verbringt den ganzen Vormittag in der Natur[6], in einem bestimmten, räumlich begrenzten Gebiet. Diese Gebiete haben unterschiedliche Strukturen, sie spiegeln die landschaftliche Vielfalt Deutschlands wider. Es gibt den Insel-Naturkindergarten ebenso wie den Naturkindergarten im Englischen Garten in München.

Die Betreuungszeiten liegen in der Regel an fünf Tagen in der Woche zwischen drei und viereinhalb Stunden, je nach Jahreszeit, im Winter oft bei drei Stunden, im Sommer entsprechend länger. Einige Waldkindergärten bieten an einem oder zwei Nachmittagen eine zusätzliche Betreuung von Kindern an (weitere Informationen unter »Betriebsformen«).

Jeder Waldkindergarten verfügt über eine sogenannte Schutzhütte. Häufig wird dafür ein umgebauter Bauwagen benutzt. Die Hütte wird bei extremem Wetter wie Sturm oder Hagel aufgesucht und dient auch dazu, Bastelmaterial und Ersatzkleidung aufzubewahren.

Der klassische Waldkindergarten verfügt nicht über ein festes Gebäude. Die Gruppengröße liegt bei 20 Kindern im Alter zwischen drei und sechs Jahren. Sie werden von zwei Erzieherinnen[7] und zum Teil auch von einer dritten Kraft betreut. Die »Drittkraft« ist meist eine Praktikantin oder kommt vom »Elternmitgehdienst«.

---

[6] Gemäß Wahrig (1986, 926) ist unter Natur »die uns umgebende, von Menschen nicht geschaffene Welt und die ihr innewohnende Schöpferkraft« gemeint. Natur meint jedoch auch (ebd.): »ursprünglicher, unverfälschter Zustand, Selbstgewachsenes; Urbild; Wald und Feld, freies Land ....« Die Ausführungen beziehen sich auf die erste Definition.

[7] Da der überwiegende Anteil des pädagogischen Personals in Waldkindergärten weiblich ist, wird der Begriff »Erzieherinnen« verwendet.

Bei Temperaturen ab minus sechs Grad und darunter bieten die meisten Waldkindergärten ein Alternativprogramm an, so dass die Kinder kontinuierlich betreut werden.

Die meisten Einrichtungen dieser Art in Deutschland führen die Bezeichnung »Waldkindergarten«. Der Wald ist in diesen Institutionen der Hauptaufenthaltsort der Kinder. Er ist leicht erreichbar, in der Regel öffentlich zugänglich und eine besonders natürliche Landschaft[8].

Der integrierte Waldkindergarten

Diese Form ist in Dänemark weit verbreitet; bei uns noch die Ausnahme: das Modell des integrativen Waldkindergartens. In dänischen Einrichtungen gehört auch Tierhaltung vielfach zum pädagogischen Konzept. Es handelt sich um einen Ganztagskindergarten mit eigenen Räumen. Die Räume können sich in einem Gemeindezentrum, einem Bürgerhaus und ähnlichen Gebäuden oder auch in einem Regelkindergarten befinden, hier als täglich stattfindende offene Wandergruppe, der sich die Kinder aus verschiedenen Gruppen nach Wunsch zuordnen, oder als feste Wandergruppe mit beispielsweise monatlichem Wechsel der betreuten Kindergruppe.

Die Kinder verbringen den Vormittag in der Natur, den Nachmittag in festen Räumen.

Eine besondere Variante wird im städtischen Kindergarten Neuravensburg (Wangen im Allgäu)[9] realisiert. Die Einrichtung hat fünf Gruppen. Seit Herbst 1997 gibt es eine Waldkindergartengruppe mit 20 Kindern. Die Kinder können ab 7.30 Uhr in den Kindergarten gebracht werden und gehen gegen 9 Uhr für drei bis vier Stunden in den Wald. Anschließend ist eine weitere Betreuung im Kindergarten bis 13.30 Uhr gewährleistet. Ein Wechsel der Kinder aus Wald- und Hausgruppen, also eine »Durchmischung«, ist möglich und erwünscht. Die personelle Besetzung entspricht der des klassischen Waldkindergartens.

---

[8] Der Mensch greift in die Gestaltung des Waldes ein – sei es aus forst- oder jagdwirtschaftlichen Interessen. Deshalb müßte man korrekterweise von »naturnaher Landschaft« sprechen. Aber selbst unter den genannten Bedingungen stellt der Wald doch eine einzigartige Lebensgemeinschaft dar. Deshalb verwende ich den Begriff »natürlich«.

[9] siehe auch Informationsschrift zum Projekt »Integrierte Waldgruppe«, Städt. Kindergarten Neuravensburg, Engetsweilerstr. 6, 88239 Wangen im Allgäu, März 1997.

Varianten

Projektwochen

Im Regelkindergarten (immer häufiger auch in Grundschulen) sind Wald und Naturleben Gegenstand von Projektwochen. In der Regel laufen sie über einen Zeitraum von einer bis drei Wochen. Das Team bereitet sich gemeinsam darauf vor. Wenn möglich, hospitiert eine Kollegin in einem klassischen Waldkindergarten, um die dort gesammelten Erfahrungen in die Planung einfließen zu lassen. Die rechtzeitige Information und Beteiligung der Eltern hat hier einen besonderen Stellenwert.

Regelmäßige Waldtage

Regelkindergärten gehen mehr und mehr dazu über, einmal wöchentlich einen Waldtag einzuplanen. Die Waldkindergärten geben hier wichtige Impulse. Durch intensive Öffentlichkeitsarbeit und hospitierende Kollegen wird die Idee verstärkt in die Regeleinrichtungen getragen.

Folgende Entwicklungsschritte sind möglich:

1. Schritt: Waldtage; möglichst mindestens einmal wöchentlich und bei jedem (!) Wetter
2. Schritt: Waldprojekte für die Dauer von jeweils zwei bis vier Wochen
3. Schritt: Planung einer ständigen Waldgruppe

Die einzelnen Planungsschritte geben Zeit für inhaltliche Diskussionen im Team und mit den Eltern und für persönliche Weiterbildungsphasen im Bereich Naturpädagogik für die Erzieherinnen und interessierte Eltern. Bei parallel geführter Öffentlichkeitsarbeit steht einem Erfolg nichts mehr im Wege. (Nicht vergessen, den Träger rechtzeitig zu informieren und zu begeistern!)

1.3 Kinder in der heutigen Welt

Wir haben die Kindheit nach innen verlegt – mit weitreichenden Konsequenzen für unsere Kinder:

- Es gibt immer mehr Kinder mit körperlichen Entwicklungsstörungen: 60 Prozent der Kinder haben Haltungsschäden oder -schwächen, 30 Prozent haben Übergewicht, 40 Prozent ein schwaches Herz-Kreislauf-System und 30 bis 40 Prozent haben muskuläre Schwächen und Koordinationsstörungen bei Bewegungsabläufen. Vor allem der Gleichgewichtssinn ist betroffen.
- Die Zahl der Unfälle steigt. Bei genauer Betrachtung ist erkennbar, dass diese Erkrankungen und Unfälle auf Bewegungsmangel zurückzuführen sind oder die Ursachen darin liegen, dass viele Kinder den Bewegungsanforderungen in alltäglichen Situationen nicht gewachsen sind.[10]
- Es wird immer schwieriger, Sinnzusammenhänge zu erkennen. (High-Tech-Geräte in der Küche seien nur als Beispiel genannt.)
- Eigene Gestaltungsmöglichkeiten reduzieren sich. Voll möblierte Kinderzimmer und Kindergartenräume schaffen Platzmangel und starke Gestaltungsvorgaben.
- Die Konsumorientiertheit führt zu Frustrations- und Armutserlebnissen[11] bei Kindern und Eltern (»Ich trage keine Markenjeans.« versus »Ich kann meinem Kind nicht alles bieten.«).
- Fehlende Spielgefährten und Geschwister, zeitlich überlastete Eltern, eine »Ver-Inselung« der Lebensbereiche reduzieren spontane Spielmöglichkeiten und -anlässe.
- Medien füllen diese Lücke – mit den bekannten Folgen: »Die Tendenz der Zeit geht in den Regeleinrichtungen dahin, dass die Kinder allgemein schwieriger werden, Verhaltensauffälligkeiten zunehmen und noch dazu die Freizeitgestaltung zunehmend vom Fernsehen bestimmt wird.«[12]

---

[10] Vgl.: Landesjugendamt Hessen, »LJA-Info«, S.7

[11] Gemeint ist hier die »relative Armut«, die durch ein Herunterfallen unter die durchschnittlichen oder »normalen« Lebensbedingungen entsteht (Hauser 1988), in Abgrenzung zur »absoluten Armut«, bei der das physische Existenzminimum nicht gesichert ist.

[12] Vgl. Kunz, Thorsten: Spielerische Bewegungsförderung. In: »Motorik«, Nr. 2/1995.

- Entfremdung von der Natur:
  »Die Umweltzerstörung ... beginnt letztendlich in der sozialen und psychischen Organisation von Menschen, die diese Entwicklung der Natur betreiben oder zumindest zulassen. Die psychische Organisation lässt sich kennzeichnen durch eine historisch entstandene und zunehmende Distanzierung und Entfremdung von der Natur, die ihrerseits zur Folge hat, dass die Menschen die ökologischen Folgen und Kosten dieser Entwicklung nicht mehr wahrnehmen (können). Diese Entfremdung ist nun deutlich ein soziokulturelles Phänomen; insofern wird die zunehmende Distanzierung von der Natur in der Sozialisation jeder neuen Generation wiederholt bzw. vorangetrieben.«[13]
- Kinder, Jugendliche und Erwachsene sind im Werte-Chaos der Gesellschaft verunsichert, stellen sich die Sinnfrage, sind auf der Suche nach Halt und Orientierung. Therapeuten werden vielfach zu modernen Sinnstiftern.
- Wir haben es mit Kindern und Jugendlichen zu tun, die zunehmend an einer Unterforderung ihrer sinnlichen und emotionalen Bedürfnisse leiden. Die Ausbildung der emotionalen Intelligenz[14] wird vernachlässigt, das zeigt Wirkungen in emotionaler Verwahrlosung (unter anderem in der Zunahme von Gewaltverbrechen und einem schwach ausgeprägten prosozialen Verhalten).
- Kinder brauchen vermehrt Freiräume, in denen ganzheitliches Lernen möglich ist.

1.4 Der Waldkindergarten: Konzeptionelle Grundlagen und Ziele

Vor der Konzeption steht die Vision. Sie ist es, die allen an einer Neugründung Beteiligten Kraft gibt, die sie verbindet, und die nach außen wirkt. Aus eigener Erfahrung kann ich sagen: Man braucht Zeit für visionäre Gedankenspiele, die nicht nur am Machbaren ausgerichtet sind. Visionen bleiben auch später Wegbegleiter durch die »Täler der Trockenheit«.

---

[13] Gebhard, Ulrich: Kind und Natur. 1994, S. 224
[14] Goleman, Daniel: Emotionale Intelligenz. 1995

Beispiel: Die Konzeption des 1996 gegründeten Waldkindergartens Bad Liebenzell e.V.

Die Natur bietet ein Feld für unmittelbare Lebenserfahrungen:

1. Strukturierendes Element der Waldkindergartenarbeit ist der *jahreszeitliche Rhythmus*. Die Abläufe im jahreszeitlichen Naturkreislauf werden unmittelbar erlebt.
2. Die Kinder können sich spontan und frei im Wald bewegen. Sie erleben dadurch Möglichkeiten und Grenzen ihrer Körperlichkeit. Die Natur bietet eine *Vielfalt an Bewegungsanlässen und -möglichkeiten*.
3. Alle fünf Sinne des Kindes – *Fühlen, Hören, Riechen, Schmecken und Sehen* – werden in einer Differenziertheit angesprochen, die der Vielfalt der natürlichen Umgebung entspricht. Die Intelligenz des Kindes wird angeregt und gefördert. Das Kind lernt vorwiegend über das eigenständige Tun, Erproben, Erfinden und Erleben.
4. Die Förderung im *psychomotorischen Bereich* findet unter idealen Bedingungen statt, da Räume für ganzkörperliches, intensives Handeln das Kind umgeben.
5. Das Kind kann bei einer Tätigkeit, bei einer Beobachtung *verweilen*, entsprechend seinem individuellen Bedürfnis. So sammelt es intensive Erfahrungen, Erinnerungen und Identifizierungswerte.
6. Die *Fantasie* des Kindes kann sich frei entfalten.
7. Zur *ganzheitlichen Erziehung* im Waldkindergarten gehören selbstverständlich die rhythmisch-musikalische Erziehung und die Vermittlung von Schätzen der Kultur wie Märchen. Die künstlerisch-ästhetische Förderung greift vorwiegend auf Materialien aus der Natur zurück.
8. Die *Stille* wird erfahrbar. Eine Sensibilisierung für das gesprochene Wort und die Stimmen der Natur wird ermöglicht.
9. Feuer, Wasser, Luft und Erde gehören zu den existentiellen *Lebensgrundlagen* des Menschen. Das Erleben dieser Elemente, der Umgang mit ihnen und den Naturerscheinungen wie Hagel, Schnee, Regen und Nebel bereichern das Kind in seiner Persönlichkeit.

10. a) Jedes Mitglied der Gruppe ist im besonderen Maße als Helfer und Wissensvermittler gefordert. Auf der Basis des Aufeinander-angewiesen-seins wird die *soziale Kompetenz* der Gruppe und des Einzelnen gestärkt.
    b) *Kinder mit Behinderungen* sollen – der Eigenart ihrer Behinderung entsprechend – im Waldkindergarten aufgenommen werden.
    c) *Verhaltensauffällige Kinder* haben die Chance, aufgrund neuer Erfahrungen und Erlebnisqualitäten neue Verhaltensmuster aufzubauen.
11. Die Bewegung in frischer Luft bei jeder Witterung fördert die *Gesundheit* und stärkt das Immunsystem der Kinder.
    Die Achtung vor dem Leben bzw. vor der Schöpfung und das Begreifen des eigenen Ichs als Teil des Lebens wecken Gefühle der Liebe, Vertrautheit und Verantwortung im Kind.

Die praktische Umsetzung der Konzeption

Zu 1: Jahreszeitlicher Rhythmus
Das Kind erlebt die Jahreszeiten unmittelbar: Frühling, Sommer, Herbst und Winter in ihren unterschiedlichen Qualitäten. Es erlebt die Freude über den ersten Sonnenstrahl nach dichtem Nebel, die dunklen Wolken am Himmel und den beginnenden Regenguss, die raschelnden Blätter im Herbst oder die zugefrorenen Pfützen im Winter. Warum ist der Frühling bunt, duftend, laut, voller Bewegung, der Winter hingegen still, starr und arm an Farben und Gerüchen? Wo sind die Vögel, Insekten und andere Tiere im Winter? Von wem stammen die Spuren im Schnee? Warum verändert sich der Bach nach dem Regenguss? Wer hat das Blatt angefressen? Wohin führt die Ameisenstraße?

Kinder bemerken oft kleinste Veränderungen und fragen nach; manchmal erst Wochen, nachdem sie den Vorgang beobachtet haben.

Zu 2: Vielfalt an Bewegungsanlässen
Dass es für Kinder kaum etwas Schöneres gibt, als sich draußen ohne Zeitdruck und Einengung bewegen zu können, weiß jeder, der sich an die eigene Kindheit erinnert. Die eigenen Kräfte ausprobieren

können, hüpfen, springen, klettern, balancieren, kriechen – kurz alles tun, was ein gesundes Wachstum fördert.

Zu 3: Die fünf Sinne des Menschen

Die Natur bietet Sinnesreize in vielfältiger Weise. Jeder Stock hat eine andere Oberfläche. Modriges Holz riecht anders als frisch geschlagenes. Das Moos auf dem Waldboden ist weich. Die Schritte im Laub sind hörbar. Der Waldboden dampft nach einem Sommerregen. Die Blumen und tausenderlei Gräser veranlassen zum genauen Hinsehen. Wie gut schmecken der heiße Tee und das Brot draußen im Wald.

Darüber hinaus bietet sich den Kindern im Waldkindergarten die Möglichkeit, mit Tieren und Pflanzen vertraut zu werden. Kinder lernen anders als Erwachsene. Sie müssen zuerst sehen, berühren und erleben, bevor sie Erklärungen aufnehmen können. Zu frühe Erklärungen stören das Beobachtungserlebnis. Es ist nicht wichtig, möglichst viele Baum-, Kräuter- oder Vogelnamen zu kennen. Viel wichtiger ist es, die Kinder zum genauen Beobachten und Fragen anzuregen. Diese neugierige, fragende Grundhaltung nimmt das Kind mit in die Schule.

Zu 4: Der psychomotorische Bereich

Die Entwicklung des Körpers und die des Geistes stehen in engem Zusammenhang. Kinder, die in ihrer Bewegungsfreiheit massiv eingeschränkt sind, trauen sich weniger zu. Kinder, die in ihrer Kindheit auf Bäume klettern konnten und gelernt haben, hinzufallen, ohne sich zu verletzen, gewinnen Sicherheit und Selbstbewusstsein, das die Grundeinstellung zum Leben beeinflusst. Das Erfahren von Grenzerlebnissen im körperlichen Bereich schafft ein stabiles Fundament, um auch mit psychischen Belastungs- und Stress-Situationen besser umgehen zu können (zum Beispiel Klassenarbeiten).

Zu 5: Verweilen können

Ein Kennzeichen unserer Zeit ist es, »keine Zeit« zu haben, von einem Termin zum anderen zu hetzen, mit dem Kind an der Hand oder im Auto. Wichtige Termine in einem verplanten Alltag – was sind dagegen eine Baumwurzelhöhle, die zum täglichen Spielen und

Entdecken anregt, das Beobachten einer Ameisenstraße, das Steinchensammeln am Wegesrand?

Zu 6: Fantasiekräfte
Das »Spiel« mit der Natur, ohne vorgefertigte Materialien, bietet den Kindern die Möglichkeit, die eigene Fantasie einzusetzen und zu entwickeln. Aus einem Ast wird der Bohrer, mit dem die Waldhöhle ausgebessert wird, ein umgekippter Baum dient als Ladentisch. Tannenzapfen, Blätter, Rindenstücke, Federn werden zu Lebensmitteln, die im Laden angeboten werden.

Zu 7: Ganzheitliche Erziehung
Lieder, Fingerspiele, Reime und vieles andere finden im Tagesablauf des Waldkindergartens genauso ihren Platz wie das Nachspielen von Geschichten, das Basteln mit Naturmaterialien (zum Beispiel das Bauen von Klanginstrumenten aus Rinde und Rohr, Astgabeln und Kronkorken, von Flößen aus zusammengebundenen Stecken, von Schüsseln aus Lehm). Viele Märchen, Sagen, Legenden und Geschichten haben den Wald als Handlungsraum. Hören die Kinder das Märchen vom Froschkönig im Frühsommer, an einem Tümpel sitzend, bekommt es eine andere Qualität.

Zu 8: Stille
Stille ist in der heutigen Zeit ungewohnt, aber von unschätzbarem Wert. Das genaue Hinhören, die Möglichkeit, differenzierteste Laute wahrzunehmen, das fördert die innere Ruhe, das Wohlbefinden und die Konzentrationsfähigkeit.

Zu 9: Feuer, Erde, Wasser und Luft
Das wärmende Feuer im Winter, der kühle Bach im Sommer, die eiskalte Luft an einem klaren Wintermorgen, die duftenden Erdschollen im Frühjahr, das alles sind Erlebnisse, die Liebe und damit Verantwortungsgefühl im Kind wachsen lassen.

Zu 10a: Die soziale Erziehung
Zum sozialen Lernen im Waldkindergarten gehört es:
- eigene Interessen zu erkennen und zu vertreten,

- einander zu helfen, Rücksicht zu nehmen und Verständnis zu haben,
- Geduld zu entwickeln und anderen zuzuhören.

Zu 10c: Verhaltensauffällige Kinder
Der Kindergarten »ohne Tür und Wände« bewirkt, dass sich Aggressionen im Körper gar nicht erst anstauen. Der Wald bietet Möglichkeiten, sie abzubauen und in Kreativität umzuwandeln.

Zu 11: Gesundheit
Wind und Wetter ausgesetzt zu sein härtet ab und fördert die Gesundheit.

Rahmenbedingungen

Zwei Gruppen: altersgemischt (ab Herbst 1999 mit verlängerter Öffnungszeit).

Personal für eine Großgruppe:
- eine Erzieherin (80 Prozent),
- drei Erzieherinnen (Teilzeit),
- eine weitere Betreuungsperson (Praktikantin oder vom »Elternmitgehdienst«).

Personal für eine Kleingruppe:
- eine Erzieherin (100 Prozent, sie ermöglicht die verlängerten Öffnungszeiten),
- eine Vorpraktikantin.

Konzeptionen für Waldkindergärten – allgemein

Im Wesentlichen werden die in der Flensburger Konzeption beschriebenen Grundsätze übernommen, die sich wiederum am dänischen Vorbild orientieren.
Zentrale Themen in allen Konzeptionen sind:
- Förderung der Motorik durch natürliche, differenzierte, lustvolle Bewegungsanlässe und -möglichkeiten,

- Erleben der jahreszeitlichen Rhythmen und Naturerscheinungen,
- Förderung der Sinneswahrnehmung durch Primärerfahrungen,
- ganzheitliches Lernen, das heißt Lernen mit den Sinnen, mit dem Körper, alle Ebenen der Wahrnehmung ansprechend,
- Erleben der Pflanzen und Tiere in ihren originären Lebensräumen,
- Möglichkeit, die Grenzen eigener Körperlichkeit zu erfahren,
- Erfahren von Stille und Sensibilisierung für das gesprochene Wort,
- Sensibilisierung für ökologische Zusammenhänge und Vernetzungen,
- Wertschätzung der Lebensgemeinschaft Wald und des Lebens überhaupt.

Die meisten Waldkindergärten sehen den Situationsansatz als Grundlage für ihre Arbeit. Allerdings fehlt in den bisher vorliegenden Konzeptionen eine Auseinandersetzung mit den Umsetzungsqualitäten dieses Ansatzes unter den Bedingungen der Waldkindergartenarbeit.

Der Aufnahme von Kindern mit einer Behinderung steht man grundsätzlich positiv gegenüber.

Nicht eingegangen wird auf den Stellenwert emotionaler Themen vor dem Hintergrund situationsorientierten Arbeitens wie Leben und Tod, Freundschaft, Familie.

Das Interesse ausländischer Eltern für den klassischen Waldkindergarten ist bisher gering. Mögliche Gründe sind die reduzierten Öffnungszeiten und die Entfernung des Kindergartens vom Lebensort der Familie. Ein Auto wird notwendig, oder es entstehen zusätzliche Kosten durch die Nutzung öffentlicher Verkehrsmittel. Aus diesen Gründen entspricht der integrierte Waldkindergarten eher den Bedürfnissen der ausländischen Eltern, aber auch der berufstätigen Eltern, die auf längere Öffnungszeiten angewiesen sind.

Generell erkennt man in den klassischen Waldkindergärten den Widerspruch zwischen dem Anspruch, das ökologische Bewusstsein zu schärfen, und langen Anfahrtswegen mit dem Auto. Wo immer möglich, versucht man, diesem Anspruch durch die Förderung und Bildung von Fahrgemeinschaften gerecht zu werden.

Arbeit in »offenen Gruppen«

Öffnungsschritte entwickeln sich vor dem Hintergrund der Bedürfnisse der Kinder. Sie sind ein wichtiger Bestandteil situationsbezogenen Arbeitens im Hinblick auf die Situation der Kinder, der Gruppen und des gesamten Waldkindergartens.

Varianten der offenen Gruppen:

Zeitweise Öffnung
- an bestimmten Tagen
- zu festgelegten Zeiten während des Tages
- zu regelmäßigen oder unregelmäßigen gruppenübergreifenden Aktionen und Projekten (im Wald oder außerhalb des Waldgebietes)

Gezielte Erweiterung der Naturspielräume
- Besuchsmöglichkeiten in einer benachbarten Waldgruppe (mit An- und Abmeldung)
- gemeinsame Nutzung bestimmter Aktionsräume und Waldplätze (zum Beispiel des Waldsofas), spontan oder zu geplanten Zeiten

Offene Waldkindergartenarbeit
- Die Kinder können gruppenübergreifend im gesamten Gebiet des Waldkindergartens spielen.
- Die Erzieherinnen sind zuständig für einzelne Bereiche oder Angebote.
- Auflösung der Gruppenstrukturen oder Beschränkung der »Stammgruppen«-Aktivitäten auf bestimmte Situationen/Anlässe (zum Beispiel Geburtstagsfeiern, Morgenkreis und Schlusskreis)

Da zur Zeit die meisten Waldkindergärten nur eine Gruppe haben, ist die Frage nach der Öffnung für die meisten nicht aktuell. Wird aber neben einer Großgruppe eine Kleingruppe eröffnet, kann die Frage der offenen Arbeit diskutiert werden,

- um Kindern der Kleingruppe Spielmöglichkeiten mit gleichgeschlechtlichen oder gleichaltrigen Spielpartnern zu ermöglichen, wenn solche Kontakte in der Kleingruppe nicht möglich sind,
- um unbefriedigende Beziehungsstrukturen in der Kleingruppe zu erweitern.

Anders als in den üblichen, leichter überschaubaren Kindergärten ist im Waldkindergarten genau festzulegen, wer von den Erzieherinnen innerhalb welcher »Grenzen« auf dem Gelände die Aufsichtspflicht wahrnimmt.

Vorteile der Öffnung für die Kinder:

- Erweiterung der Naturspielräume
  Anregung durch verschiedene Erzieherinnen und Erzieher, die an unterschiedlichen Orten den Schwerpunkt ihrer Arbeit setzen können. So interessiert sich zum Beispiel eine Erzieherin für alles, was mit dem Element Wasser zusammenhängt. Sie kann im Rahmen der Öffnung am Bach bleiben und dort mit interessierten Kindern auf Entdeckungsreise gehen.
- Erweiterung der Begegnungsmöglichkeiten mit Kindern unterschiedlichen Alters, Geschlechts und Temperaments.

Mögliche Nachteile:

- Überforderung der Dreijährigen, die sich auf den Naturraum erst einstellen müssen. Bei der offenen Arbeit sollte deshalb immer die gleiche Bezugsperson für die Dreijährigen verantwortlich sein und der Aktionsradius für die Kleinsten eingeschränkt werden.
- Starke Beanspruchung des Waldgebiets. Die räumliche Erweiterung des Naturspielraums ist aber gerade bei offener Arbeit möglich und schont Flora und Fauna.

Die offene Arbeit setzt voraus, dass die Waldgruppen nicht zu weit voneinander entfernt sind. Die Kinder müssen die Gruppen in kurzer Zeit erreichen können.

2. Theoretische Grundlagen

2.1 Die Bedeutung der Umgebung für Kinder und Erzieherinnen

Der Einfluss der intentional strukturierten Umgebung am Beispiel des Kindergartens als Kulturraum

In der Begrenzung, Gestaltung und Ausstattung des Kindergartenraums wird der Wille des Erwachsenen und der Interessenvertreter (Kindergarten-Gesetz, Sicherheitsbestimmungen, Spielzeugindustrie etc.) realisiert. Er wird fassbare, reale Wirklichkeit und wirkt als solche auf die der Raumwirkung ausgesetzten Menschen.
Das folgende Schema verdeutlicht diesen Gedanken:

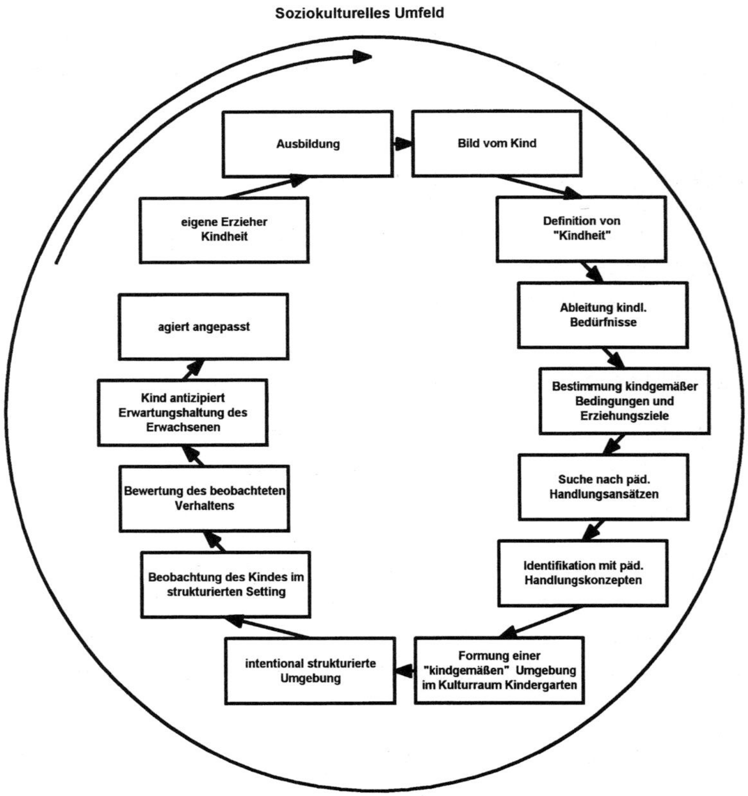

»Von Geburt an lebt das Kind in einer vom Menschen geschaffenen objektiven Welt. Zu ihr gehören die Gegenstände des täglichen Bedarfs, die Kleidungsstücke, die einfachen Werkzeuge (....). Selbst den Naturerscheinungen begegnet das Kind unter den von Menschen geschaffenen Bedingungen, die Kleider schützen vor Kälte, die künstliche Beleuchtung erhellt die Dunkelheit der Nacht. Die psychische Entwicklung des Kindes beginnt in einer menschlichen Welt«[15].

Ein kleiner Teil dieser menschlichen Welt ist der Kulturraum Kindergarten.

2.2 Strukturierende Elemente im Kindergarten

Raum:

- Raumgröße (gesetzlich festgelegt, nicht beliebig erweiterbar),
- Raumgestalt und -form (unter Berücksichtigung von Bau- und Sicherheitsbestimmungen).

Einrichtungsgegenstände/Raumelemente:

- Tische, Stühle, Regale, Schränke, Vorhänge, Herd,
- Tageslicht und Kunstlicht,
- relativ konstante Raumtemperatur.

Spiel- und Beschäftigungsmaterial:

- gekauftes und selbst gebasteltes Spielzeug,
- Lernmaterial (zum Beispiel Logische Blöcke),
- Arbeitsmaterial/Bastelmaterial.

Weitere Unterteilungen sind möglich. Es geht darum, deutlich zu machen, dass die aufgeführten Gegenstände und Materialien einer vom Menschen geschaffenen Welt entsprechen und durch ihre intentionale Struktur bereits ein bestimmtes Verhalten des Benutzers

[15] Leontjew, A. N.: Probleme der Entwicklung des Psychischen. 1973, S. 368, zitiert in: Gebhard, U.: Kind und Natur. 1994, S. 87

antizipieren. Natürlich kann ich mich auf einen Stuhl auch stellen, aber das sind im Alltag des Regelkindergartens wohl eher die Ausnahmen, die zudem häufig einer Begründung bedürfen.

2.3 Strukturierende Elemente im Naturraum

Raum:

- Die Raumgröße ist durch die Erzieherin eingegrenzt und veränderbar,
- die Raumgestalt und -form sind durch die Geländestruktur des Waldkindergartenplatzes gegeben.

Raumelemente:

- Pflanzen, Sträucher, Bäume mit Früchten/Samen,
- Tiere,
- Tierbauten,
- Steine,
- totes Holz[16],
- Pfützen, Rinnsale, Tümpel,
- Pfade, Wege.

Raumübergreifende Elemente:

- Jahreszeiten,
- Naturerscheinungen,
- nicht ortsgebundene Tiere,
- Himmel mit Himmelskörpern, Wolkenbildern und eventuell Flugzeugen,
- Licht und Schatten,
- Temperaturschwankungen,
- Bäche.

---

[16] In der letzten Zersetzungsphase des Totholzes entsteht der »Holzmulm«, mit dem die Kinder sehr gern spielen. Er ist Lebensraum für die winzigen Federflügler und Palpenkäfer. – Totholz ist auch immer Lebensraum.

Nun könnte man folgendes einwänden: Jeder Wald ist heute von Menschen intentional strukturiert, weil Wald immer auch nach Wirtschaftlichkeitsgesichtspunkten bewirtschaftet wird. Dies kann sich zum Beispiel in Form einer Fichtenmonokultur zeigen, die durch ihre Einseitigkeit die autonomen Aktionsmöglichkeiten der Kinder einschränken kann. Und doch bestimmt das Kind im Naturraum selbst, was wann, mit welcher Sinngebung und für welchen Zeitraum zum Gegenstand seines Interesses wird. Dies geschieht in einem abgesteckten Handlungsrahmen, der sich definiert durch:

- Regeln und Rituale,
- gruppenspezifische Zeitstrukturen,
- vom Team gesetzte strukturierende Elemente wie Garderobenbaum, Toilettenplatz, Vesperplatz,
- strukturierte Aktivitäten.

Die Menge der unabhängigen Einflussfaktoren macht den Aufenthalt im Naturraum so spannend und absolut einmalig (das heißt auch, nicht in gleicher Form wiederholbar).

2.4 Wirkung der autonom strukturierten Umgebung »Naturraum« auf den Menschen

Der durch sein soziokulturelles Umfeld geprägte Mensch sucht sich in der Natur seine Bezugspunkte, sie werden zum Mittelpunkt seines Interesses.

Auf den Begriff »Spielinhalte – Spielpartner« wurde bewusst verzichtet, weil das Schema auch für die im Naturraum agierenden Erwachsenen gelten soll. Die Reize und Impulse werden zum Anlass, sich einen Platz im Naturraum zu suchen, an dem der Mensch innerhalb eines selbst gewählten – oder in Abstimmung mit dem Aktionspartner/den Aktionspartnern bestimmten – Zeitrahmens verweilt. Interpretation und Formung von Gegenständen der belebten und unbelebten Natur stehen in engem, sich wechselseitig beeinflussendem Prozess.

Beispiel: Der Baumstamm wird interpretiert und erlangt im Spiel die Bedeutung eines Schiffes. Durch Formung (auch Umformung) wird im Aktionsverlauf aus dem Schiff ein U-Boot.

[1] Stille Impulsgeber:
Gemeint sind Materialien, die sich durch eine relative Ortskonstanz auszeichnen und keine akustischen Signale aussenden, zum Beispiel ein Ameisenhaufen oder aus einer Baumwunde austretendes Harz.

[2] Spontane Impulsgeber:
Relativ unkalkulierbar in Bezug auf Bewegung und Zeitpunkt des Erscheinens – zum Beispiel das Eichhörnchen, das von den Kindern beobachtet wird und zum Impuls für das Eichhörnchenspiel wird; Naturerscheinungen wie der plötzlich einsetzende Wind.

[3] Personale Interpretation – Bedeutungserklärung spiel- und umgebungsrelevanter Gegenstände und Personen. Beispiel: Für das Kind werden im Kaufladenspiel Birkenblätter zu Geldstücken; Lars ist »Lastwagenfahrer«. Diese Interpretation kann offen vor anderen Kindern ausgesprochen werden oder still erfolgen und sich für den aufmerksamen Beobachter durch das Spielverhalten des Kindes erschließen.

Mögliche Auswirkungen des intentional strukturierten Kindergartenraumes auf die Erzieherin und das Kind

Erzieherin	Wirkung	Kind	Wirkung
fühlt sich verantwortlich für das Setzen von Impulsen – gleichsam in der Rolle des »Bildungsanimateurs«	hohes Maß an Einflussmöglichkeiten Stress	Kind in der Rolle des Rezipienten	geringe Eigenverantwortung unter Umständen Langeweile
Gefahr linear-kausaler Denkweise (wenn – dann) durch starke Verhaltensvorgaben (Spielregeln etc.) vorgegebene Lernmuster (zu viel didaktisches Spielmaterial)	Gefahr einer an Defiziten oreintierten Sichtweise Erzieherin in der Rolle der Wissenden	Agieren im vorgegebenen Setting mit zum Teil unveränderbaren Strukturen	Einengung der Lernkanäle Leistungsdruck »schlafende Ressourcen« passive Haltung gegenüber einer als relativ unveränderbar wahrgenommenen Umgebung
durch begrenzte, enge Räume zum Teil hoher Lärmpegel	Kinder ruhig halten Stress	Mangel an Möglichkeiten für raumgreifende Bewegungserfahrungen	Psychomotorische Entwicklungsdefizite Stress »das wilde Kind«
externe Reize wie Telefon, Hausmeister, Eltern, Kolleginnen etc.	geteilte Aufmerksamkeit Stress	geteilte Aufmerksamkeit	Erz.-Kind-Gespräche oft unter Zeitdruck; veränderte Zuwendungsqualität; gestörte Fokussierungsprozesse[17]
beobachtet Kinder	verstärkt erwünschtes Verhalten	antizipiert Erwartungshaltung des Erziehers	zeigt gewünschtes Verhalten bzw. verweigert

[17] Gemäß Wahrig (1986, S. 490) fokussieren: in einem Punkt vereinigen
Kinder sind grandiose Fokussierer; sie können ihre ungeteilte Aufmerksamkeit einer Sache zuwenden und dabei verweilen – Dinge werden zum zentralen »Brennpunkt« ihres Interesses.

Mögliche Auswirkungen der autonom strukturierten Umgebung im Waldkindergarten auf die Erzieherin und auf das Kind

Erzieherin	Wirkung	Kind	Wirkung
nimmt spontan Impulse auf	Situatives Reagieren Momente der Unsicherheit Persönliches Berührtsein Erzieherin ist Lernende	Kind bildet »Lernkollektiv« mit anderen Kindern und der Erzieherin (z. B. gemeinsames Nachschlagen im Buch)	Selbstbewusstsein keine Scheu, eigene Unsicherheiten zu zeigen – wird ermutigt zum Zeigen eigener Gefühle
setzt selbst Impulse (gesetzter Impuls)	Einflussmöglichkeit Erzieherin ist Wissende	Nimmt Erzieherin als Wissensvermittlerin wahr	nimmt Lernimpuls auf oder verweigert ihn
nimmt Informationen der Kinder über personale Interpretation von Naturgegenständen auf	Erfährt etwas über die Sichtweise und emotionale Befindlichkeit der Kinder	Erfährt: Die Erzieherin ist an mir interessiert	Ermutigung das Gefühl, verstanden und angenommen zu werden
beobachtet Kinder in autonom strukturierter Umgebung	Erkennen unbekannter Ressourcen in neuer Umgebungsqualität – evtl. Förderung durch gesetzte Impulse	freies, selbstinitiiertes Lernen ohne einengende Antizipation der Erzieherin – Erwartungshaltung	Ermutigung/intrinsisch motiviertes Handeln

2.5 Industriell gefertigtes Spielzeug – Naturmaterial

Industriell gefertigtes Spielmaterial	Naturmaterial	Wirkung auf das Kind
Geruchlos	Material- und artspezifischer Geruch	differenzierte Wahrnehmung Kenntnis artspezifischer Gerüche
normierbar; dadurch ersetzbar kein artspezifisches Gewicht; Gewicht steht oft in keinem Verhältnis zu Größe und Funktion (Beispiel: Plastiktraktor)	unverwechselbar, einmalig materialspezifisches Gewicht	Wertschätzung Erfahren physikalischer Gesetzmäßigkeiten; körperliche Grenzerfahrungen; Teamgeist
Farbe: nicht an das Material gebunden Farbgebung wenig nuancenreich	materialspezifische Farbe nuancenreiche Farbabstufungen	differenzierte Wahrnehmung ästhetische Kompetenz
nicht kostenfrei	kostenlos	Alternativen zur Konsumorientiertheit
beliebig reproduzierbar	nicht reproduzierbar	Wertschätzung
Oberflächenstruktur ist nicht material- und Gegenstands-spezifisch	materialspezifische Oberflächenstruktur	differenzierte Wahrnehmung und »Werkstoffkenntnisse«
global (auf der ganzen Erde) verfügbar	landschafts- und standort-spezifisch	Beheimatung: Wissen um Standortmerkmale
häufig nicht abbaubar bzw. lange Verrottungszeiten	abbaubar zu 100 Prozent	Einblick in Naturkreisläufe und Anlage vernetzten Denkens
durch differenzierte Ausgestaltung kaum veränderbar	veränderbar – persönlich interpretierbar	Förderung von Fantasie und Spielfreude; Vielfalt in der Bedeutungsklärung
nach Sicherheitsstandards geprüft	keine Sicherheitsnormen	eigenverantwortliches Handeln; Grenzerfahrungen
das ganze Jahr über verfügbar	vielfach an jahreszeitliche Rhythmen gebunden	Kenntnis spezifischer Reifungsprozesse; rhythmisches Erleben; Wertschätzung

Die Merkmalsgegenüberstellung macht deutlich, in welchem Maße und in welcher Qualität der autonom strukturierte Naturraum das Kind beeinflusst.

2.6 Der Wald wird gefegt: Strukturierung im Waldkindergarten

Kein Waldkindergarten gleicht dem anderen. Neben den landschaftstypischen Besonderheiten sowie der speziellen Flora und Fauna bestimmen die in der Natur Agierenden das Maß und die Art des Eingriffs in den autonom strukturierten Naturraum.

Ich habe Waldkindergärten kennengelernt, die starke Merkmale intentionaler Strukturierung aufweisen. Dazu zählen beispielsweise

- markierte Wege zwischen den Spielbereichen innerhalb eines Waldplatzes,
- Ausstattung von Spielbereichen mit Kochgeschirr (Töpfe, Pfannen etc.),
- statischer Charakter des Waldkindergartens durch Abgrenzungen oder wuchtige »Spielhütten« (die die Kinder sicher nicht gebaut haben),
- bewusstes »Reinigen« des Waldbodens an bestimmten Stellen durch Beseitigen von totem Holz, Blättern und Geäst.

Vielleicht ist es für manche Erzieher schwer, das Ungezügelte, Unkultivierte, Unberechenbare und Ungeordnete im Naturraum zuzulassen. Tagtäglich engen kulturelle Zwänge und vorgegebene Strukturen uns ein, geben andererseits gleichzeitig Sicherheit und Orientierung.

Der Wald berührt unser unbewusstes, wahres Selbst, ein Selbst, vor dem wir vielleicht zuerst zurückschrecken, das uns beunruhigt und verunsichert. Öffnen wir Körper und Seele für die sinnlichen Liebkosungen der Natur, die uns einlädt, auf Entdeckungsreise in uns selbst zu gehen und uns zu dem beruhigenden Gefühl einer tiefen Seelenverwandtschaft führen kann.

Die Vorteile der ungestörten autonomen Struktur nehmen ab in dem Maße, wie der Mensch ordnend und schaffend in den Naturraum eingreift.

Strukturierung der Waldplätze – Qualitätsmerkmale

- Möglichst geringe Eingriffe in die autonome Struktur (zum Beispiel durch Anlegen des Toilettenplatzes mit Sichtschutz oder Bau eines »Waldsofas«),

- Veränderbarkeit bzw. Möglichkeit der Beseitigung von strukturierenden Elementen durch die Kinder,
- Wahl der Waldplätze unter Berücksichtigung der gegebenen Bedingungen,
- nachdem ein Waldspielplatz aufgegeben wurde: Wiederherstellung der ursprünglichen Struktur (soweit dies möglich ist).

Qualitätsmerkmal: Verstärkung stiller Impulse durch bewusste intentionale Strukturierung

- Durch Abdecken ablenkender, den Gegenstand des Interesses umgebender Materialien,
  Beispiel:
  »Erdfenster«: Die Öffnung in einem Tuch gibt einen kleinen Teil des Waldbodens frei. Dieses Stück kann nun gezielt von den Kindern beobachtet und untersucht werden.
- durch Hervorhebung und Differenzierung einzelner Elemente im Naturraum,
  Beispiel:
  Platzierung einer kleinen Fichte auf zwei Tüchern: im Wurzelbereich ein braunes Tuch, das das Erdreich symbolisiert; im Stamm- und Astbereich ein blaues Tuch, das den oberirdischen Bereich darstellt.

Jede Waldkindergärtnerin sollte über ein differenziertes, altersstufengemäßes Repertoire an Methoden der bewussten, sinnvollen Strukturierung verfügen.

Die dargestellten Wirkungszusammenhänge legen nahe, dass die Erzieherinnen in Regelkindergärten nicht auf die Chance verzichten sollten, die Kinder regelmäßig in einer anderen Umgebung zu beobachten. Auch die Kinder sollten die Möglichkeit bekommen, ihre Erzieherinnen einmal anders zu erleben. Kinder und Erzieher sind im Waldkindergarten gleichermaßen eingebettet in die Bedingungen des Naturraumes – beide neugierig, oft überrascht, verbunden als Erfahrungs- und Lernkollektiv, als Gebende und Nehmende. So ist hier der Raum der erste Erzieher. Als zweckfreie, dennoch einflussnehmende Größe gibt er Kindern und Erwachsenen die Möglichkeit, neue, unbekannte Seiten der Persönlichkeit an sich und anderen zu entdecken.

Nicht zuletzt Eltern entdecken ihre Kinder neu, finden einen anderen Zugang zu ihnen und geben ihren Kindern die Chance, sie mit anderen Augen zu sehen. Gerade durch die Ähnlichkeit der räumlichen Struktur in Elternhaus und Kindergarten besteht leicht die Gefahr der Potenzierung einengender und einseitiger Sichtweisen in Bezug auf die Beurteilung der Persönlichkeit eines Kindes und seiner Ressourcen.

3. Die Erzieherin im Waldkindergarten – Bedingungen und Anforderungen

3.1 Qualitätsmerkmal (QM): Die Erzieherin als Sinnstifterin und Wertevermittlerin oder Auf der Suche nach dem inneren Schatz

»Wo mein Schatz ist, da ist mein Herz.«
Martin Luther

In den Konzeptionen der Waldkindergärten steht, der Erzieher in dieser Einrichtung solle eine positive Einstellung zur Natur haben. Weitere Angaben finden sich dazu nicht.

Es gilt, den eigenen Schatz zu heben, sich selbst die Sinnfrage zu stellen, die Frage nach dem Sinn von Natur und der Begegnung mit der Natur, nach dem Sinn meiner Arbeit im Naturraum und der Suche nach Werten, die ich vermitteln kann und möchte.

Dabei wird der Suchende für sich entscheiden, ob dies unter der Bedingung transzendentaler Obdachlosigkeit gelingen kann oder ob ihm der Glaube an eine höhere Macht weiterhilft bei der Suche nach dem inneren Schatz. Bäume können zu Sinnbildern des Suchenden nach Transzendenz werden – ihre sich nach oben öffnenden Kronen scheinen die Verbindung zwischen Himmel und Erde aufzuheben.

Darüber nachzudenken, das heißt auch, sich zu fragen:

Herberge für Geschichten, Mythen und Legenden – Orte, die zum Lauschen, Fabulieren, Fantasieren und Verweilen einladen

Verwunschene Bäume

Geheimnisvolle Spuren

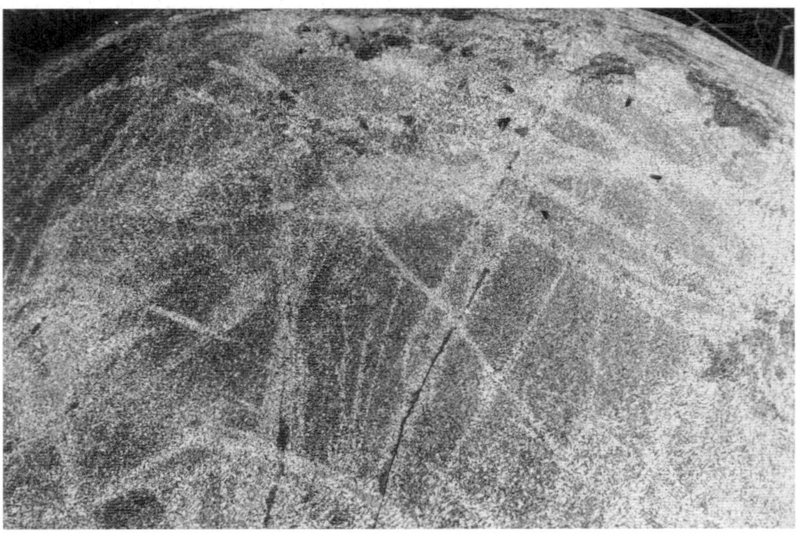

Außerirdische und Waldgeister

Zauberseen

Fundevögel

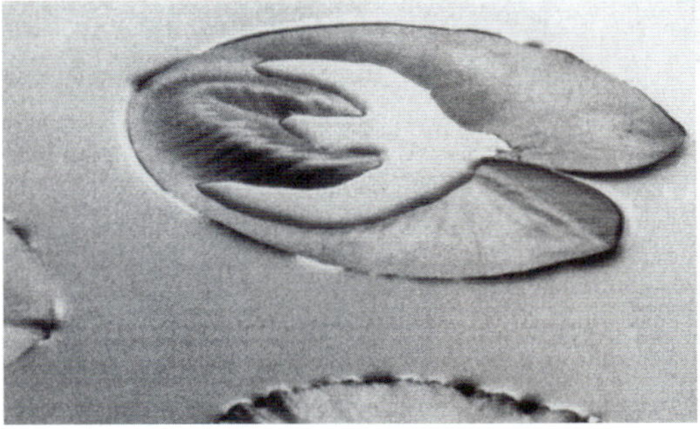

Was bedeutet mir Natur? Welchen Stellenwert nimmt die Begegnung mit ihr in meinem Leben ein?

Der erste Schritt wird sein, sich selbst mit allen Sinnen mit der Natur auseinanderzusetzen, sich von ihr berühren und anrühren zu lassen.

Der zweite Schritt wird sein, der Frage nachzugehen, welchen Wert Natur für mich hat, was sie mir bedeutet, welche Bedeutung ich für sie haben kann.

Der dritte Schritt wird sein, zu überlegen, welche dieser Werte ich begründet an die Kinder herantragen kann und möchte.

Naturbegegnung

Es gibt eine umfangreiche, vielfältige Literatur zu diesen Themen. In den Büchern werden beispielsweise Übungen beschrieben, die Zugänge zu tieferen Naturerfahrungen eröffnen. Hilfreich können auch Kindheitserinnerungen sein. Ich erinnere mich an die Zeit der Beerensuche. Die ganze Familie ging in den Wald. Wir Kinder waren nicht immer mit Begeisterung dabei. Und doch blieb ein Jahr unvollkommen, in dem ich nicht »in die Beeren« gehen konnte. Im Nachhinein weiß ich, dass es nicht in erster Linie die Arbeit war, die mich anzog. Nein, die Beerensuche gab Gelegenheit, relativ lange und ausdauernd an einem Platz zu verweilen. Und der Wald erschließt sich erst im Verweilen – wenn die Sonne ihren Stand verändert und dadurch den Anblick der am nächsten stehenden Bäume verzaubert, sooft man den schmerzenden Rücken streckt und aufblickt. Das Geheimnis der Beeren- und Pilzplätze wurde an uns Kinder unter dem Siegel der Verschwiegenheit weitergegeben.

Vor vielen Jahren sprach ich mit Sten Nadolny über sein Buch: »Die Entdeckung der Langsamkeit«. Seither hat mich der Inhalt dieses Buches immer wieder fasziniert. John Franklin, dessen Leben beschrieben wird, nimmt die Welt anders wahr als seine Mitmenschen.

Er fokussiert seine Umwelt mit brillanter Schärfe und in einer unglaublichen Differenziertheit. Aber er ist für seine Umwelt zu langsam, besonders die Kinder mokieren sich über den »müden, ewig dösenden« John, der zu langsam ist für die Spiele, die sie spielen.

John Franklin ist so langsam, dass er mit zehn Jahren noch keinen Ball fangen kann. Aber er ist dem Geheimnis seiner Langsamkeit auf der Spur:

»Er stand auf. Jetzt wollte er Ballspielen üben. Binnen einer Stunde wollte er den Ball gegen eine Wand werfen und wieder auffangen können. Aber eine Stunde später hatte er den Ball noch kein einziges Mal gefangen. Den Ball zu fangen hätte er fast geschafft, denn er hatte ein Hilfsmittel gefunden; den starren Blick. Er sah nicht etwa dem Ball nach, wie er hochstieg und niedersauste, sondern blieb mit dem Auge auf einer bestimmten Stelle der Mauer. Er wusste, den Ball fing er nicht, wenn er ihm folgte, sondern nur, wenn er ihm auflauerte. Einige Male wäre der Ball beinahe in die Falle gegangen, aber dann kam ein Unglück nach dem anderen....«[18]

Die Natur wahrnehmen heißt, sich auf andere Zeitdimensionen einlassen!

Gönnen Sie sich den Luxus der differenzierten Naturbetrachtung. Ich kann nur etwas wertschätzen, wenn ich eine Beziehung zum Gegenstand der Wertschätzung habe, mit ihm kommuniziere. Hermann Hesse beschreibt es wunderschön in seinen Betrachtungen über die Bäume.

»Bäume sind Heiligtümer. Wer mit ihnen zu sprechen, wer ihnen zuzuhören weiß, der erfährt die Wahrheit. Sie predigen nicht Lehren und Rezepte, sie predigen, um das Einzelne unbekümmert, das Urgesetz des Lebens.«[19]

Zur Naturbegegnung gehört die bewusste Auseinandersetzung mit eigenen Ängsten und Ekelgefühlen, die in der Natur lebende Tiere in mir auslösen können. Im Bewusstmachen dieser Ängste liegt der erste Schritt zur Beherrschung. Vielleicht kann ich dann doch irgendwann die Spinne über meinen Handrücken laufen lassen, ohne Ekelgefühle zu haben, getragen von dem Wissen um die Bedeutung dieses Tiers in der Lebensgemeinschaft Wald. Jede Erzieherin wird hier ihren persönlichen Zugang finden. Ein großer Schritt wäre getan, wenn sie dahin käme, sich als Teil der Mitwelt zu erleben, als Teil im Gesamtorganismus Leben.

---

[18] Nadolny, Sten: Die Entdeckung der Langsamkeit. 1984, S. 19

[19] Hesse, Hermann: Bäume. Betrachtungen und Gedichte. 1984, S. 10.

3.2 Werte und Wertevermittlung

Die Frage nach den Werten hat eine ethische Dimension. Sie fragt nach den Grundlagen unseres Wertebewusstseins und des darauf begründeten Verantwortungsgefühls gegenüber der Mitwelt. Nach Reiniger[20] äußern sich diese Wertungen auf der untersten Stufe in Wertgefühlen, die zu Wertaussagen werden, um dann zu einem Werturteil zu führen:

»Die eigentlich verantwortliche, sittliche Stellungnahme der Persönlichkeit erfolgt erst im Werturteil, durch welches zwischen den verschiedenen Wertaussagen eine eindeutige Entscheidung getroffen wird.«[20]

Die Erzieherin, die über das eigene Wertebewusstsein nachdenkt, begibt sich auf einen Weg der Selbsterkenntnis. Erziehung hat immer mit der Vermittlung von Werten und Normen zu tun. Als Erziehende geben wir unsere Werte weiter – bewusst und unbewusst. Das Kind wird mit sicherem Gefühl echte Werthaltungen von unechten unterscheiden können. Um unserer Glaubwürdigkeit willen – auch vor uns selbst – sollten wir nur solche Werthaltungen von den Kindern einfordern, die wir begründen können – vor uns selbst und vor ihnen. Sie werden darauf achten, wie wir über Tiere sprechen, und wie wir dann mit ihnen umgehen. Sie werden viele »Warum-Fragen« stellen und haben Anspruch auf eine ehrliche, authentische Antwort.

3.3 Empathie und Ethik: Die Wurzeln des Altruismus[21]

Im gleichnamigen Kapitel seines Buches »Emotionale Intelligenz« verweist Daniel Goleman auf Martin L. Hoffman[22]:

»Hoffman sieht eine natürliche Entfaltung der Empathie von Kindheit an. Wie wir gesehen haben, empfindet das einjährige Mädchen

[20] Reiniger, Robert: Das Problem der Ethik. In: Hauptströmungen der Gegenwartsphilosophie. Stuttgart 1969, S. 304

[21] Goleman, Daniel: Emotionale Intelligenz. 1995, S. 137 ff.

[22] Hoffman, Martin, L.: Empathy, Social Cognition and Moral Action. In W. Kurtines und J. Gerwitz (Hrsg.): Moral Behavior and Development: Advances in Theory, Research and Applications. New York 1984

Kummer, wenn es ein anderes Kind hinfallen sieht, und fängt an zu weinen. Seine Betroffenheit ist so stark und unmittelbar, dass es den Daumen in den Mund steckt und den Kopf im Schoß der Mutter verbirgt; so als habe es sich selbst wehgetan.«

Die weitere Entwicklung wird so beschrieben:

Nach dem 1. Lebensjahr Trennung zwischen Ich und Umwelt – in der Folge eigene Initiativen, um das Kind zu trösten (das Mädchen bietet zum Beispiel seinen Teddy an).

Mit zwei Jahren die Erkenntnis, dass sich meine Gefühle von denen anderer unterscheiden, in der Folge Empfänglichkeit für Gefühlssignale anderer.

In der späten Kindheit wird ein Höchstmaß an Einfühlungsvermögen erreicht:

Das Kind kann über die unmittelbare Situation hinaus mitempfinden. Es gibt Hinweise darauf, dass die Stärke der Empathie das moralische Urteil von Menschen beeinflusst, und dass mit steigender Empathie eine moralische Sicht der Dinge unterstützt wird.

Die das Kind umgebende Welt nimmt Einfluss darauf, in welchem Maße sich Empathie weiterentwickeln kann oder verkümmert. Auch der Kindergarten, hier der Waldkindergarten, ist der Ort, an dem das moralische Prinzip gestützt und gefördert oder vernachlässigt wird. Die Natur bietet ideale Voraussetzungen, das moralische Prinzip zu unterstützen – durch das empathische Verhalten der Erzieherin und der Eltern (vgl. »Elternarbeit«), sowie durch Projekte, in denen sich empathisches Verhalten realisiert (Beispiel: Pflege eines kranken Baumes).

Das moralische Prinzip muss gelebt werden. Nur auf diesem Wege kann es von den Kindern aufgenommen werden und Teil ihres Denkens und Handelns werden. In einer auch von Werteverfall und Wertepluralismus gekennzeichneten Gesellschaft, in der die Frage nach Sinn, sinnvollen Zielen und sinnvollem Tun oft unbeantwortet bleibt, Erwachsene sich einer Vorbildfunktion gegenüber Kindern und Heranwachsenden zunehmend verweigern, kann die wertorientierte Erzieherin zur Sinnstifterin werden. Die Sinnsuche kann befriedigt werden in dem Gefühl des Kindes, Teil einer Welt zu sein, die das Kind trägt und es vorurteils- und forderungsfrei annimmt.

Die autonom strukturierte Umgebung kann für Erwachsene und Kinder die Basis bilden für ein tiefes Selbstbewusstsein. Die der Natur entgegengebrachte Wertschätzung wird sich übertragen auf die Mitmenschen.

> »Die alten Dakota waren weise.
> Sie wussten, dass das Herz des Menschen, der sich der Natur entfremdet, hart wird; sie wussten, dass mangelnde Ehrfurcht vor allem Lebendigen und allem, was da wächst, bald auch die Ehrfurcht vor dem Menschen absterben lässt.
> Deshalb war der Einfluss der Natur, die den jungen Menschen feinfühlig macht, ein wichtiger Bestandteil ihrer Erziehung.«
>
> Luther Standing Bear[23]

Die wachen, staunenden Augen der Erwachsenen können von den Kindern lernen, die den Schatz einer animistischen[24] Weltsicht noch in sich tragen und Brücken bauen können zu versunken geglaubten Schätzen der Kindheit. Eltern und Erzieher begegnen sich als Erlebnispartner. Eine »belehrende Elternarbeit« ist hier zum Scheitern verurteilt.

So wird der Kindergarten zum ethischen Raum, in dem moralische Denk- und Handlungsweisen den Grundstein legen für eine solide Wertebasis, Eltern und Kinder gemeinsam einen Weg finden, der über die Konsumorientiertheit hinausführt, hin zu gemeinsamen Entdecker- und Beschützerfreuden.

23 Aus Recheis/Bydlinski: Weißt du, daß die Bäume reden? Freiburg 1985

24 Animismus (nach Wahrig, S. 167): Glaube an die Beseeltheit der Natur und an die Existenz von Geistern

»Wenn ein Kind
seinen angeborenen Sinn für Wunder
lebendig halten soll ...
braucht es die Gesellschaft
wenigstens eines Erwachsenen,
dem es sich mitteilen kann,
der mit dem Kind zusammen
die Freude, die Aufregung
und das Wunderbare der Welt,
in der wir leben,
wieder entdeckt.« Rachel Carson[25]

Der Erzieher sollte dafür eintreten, die Beziehung stiftenden, affektiven Anteile der Naturbegegnung zuzulassen und bewusst zu fördern. Insofern bedarf jeder Aufenthalt in geschlossenen Räumen einer Begründung. Drei Jahre in Kontakt zur Natur zu treten – das macht gerade 2,25 Prozent des Lebens aus (eine durchschnittliche Lebenserwartung von 75 Jahren zu Grunde gelegt).

3.4 Die Bedeutung der animistisch-anthropomorphen[26] Denkhaltung des Kindes

Vor allem durch die sachlichen Darstellungen der Natur in den Schulbüchern der Grundschule, die den Abbau animistischer Denkweisen zum Ziel haben, kommt der Kindergartenzeit eine besondere Bedeutung zu. Der Waldkindergarten kann die animistische Weltsicht des Kindes bewusst pflegen.

Warum sollte die Sonne nicht gerade jetzt und hier scheinen, wo dem Kind so kalt ist, warum wollen wir dem Kind belehrend ausreden, dass es keine Wurzelkinder und Zwerge gibt? Unsere Aufgabe ist es, uns als Erwachsene Zugänge zum kindlichen Denken zu schaffen. Insofern sind die Zwerge ein Symbol für all die winzigen Tiere und Haarwurzeln, die da in der Tiefe, für das menschliche Auge

[25] Cornell, Joseph, a.a.O., S. 50
[26] Vermenschlichung, Projizierung menschlicher Eigenschaften auf Tiere, Pflanzen und Naturerscheinungen

unsichtbar, tagtäglich und auch nachts für uns lebensnotwendige Prozesse in Gang setzen und halten, die bewunderns- und schützenswert sind. Und dazu können diese Bilder beitragen. So steckt eine tiefe Wahrheit in der animistisch-anthropomorphen Deutung durch das Kind.[27]

Das folgende Schema soll die Bedeutung des animistischen Weltbildes für ein späteres Interesse an kognitiven Fragestellungen verdeutlichen:

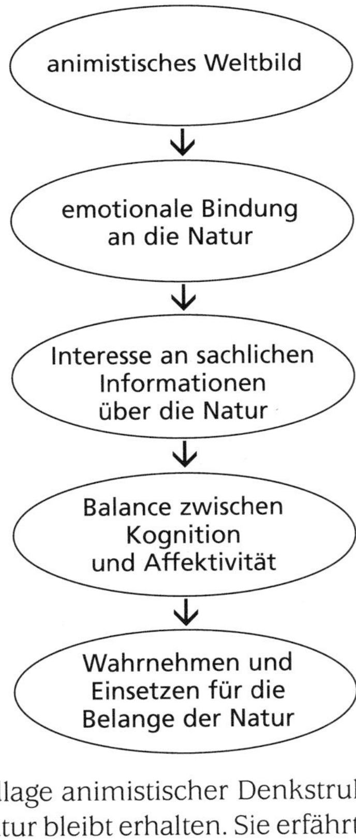

Die auf der Grundlage animistischer Denkstrukturen gewachsene Bindung an die Natur bleibt erhalten. Sie erfährt eine qualitative Erweiterung. Das Wissen um die Empfindlichkeit der Natur überträgt sich auf die Mitwelt und kann die positive Einstellung zum Mitmenschen unterstützen.

[27] Vgl.: Ulrich Gebhard: Kind und Natur. 1994, S. 53 ff.

3.5 Umgang mit kindlichen Ängsten in der Natur

Angst- und Ekelgefühle im Umgang mit Tieren

Hier ist sicherlich zunächst einmal zu unterscheiden zwischen (aus der Sicht des Erwachsenen!) begründeter und unbegründeter Angst. Begründete Angst haben Kinder erfahrungsgemäß vor stechenden Insekten wie Wespen, Bienen und Mücken sowie vor Schlangen. Typische angstbesetzte Tiere sind auch Frösche, Spinnen und Mäuse, ekelerregend wirken auf einige Kinder auch Würmer, vor denen haben sie aber weniger Angst.

Diese Angst wird zum Teil anerzogen. Nicht wenige Eltern brechen in Geschrei aus, wenn irgendwo im Haus eine Maus entdeckt wird. Diese Reaktion kann sich natürlich auf in der freien Natur lebende Tiere übertragen. Was uns ängstigt, ist häufig die Unberechenbarkeit einiger Tiere; ihre schnellen, plötzlichen Bewegungen, die uns das Gefühl vermitteln, etwas nicht mehr unter Kontrolle zu haben.

Dem Verhalten der Erzieherin kommt hier eine entscheidende Bedeutung zu. Die Kinder werden sehr genau beobachten, wie sie sich der Spinne gegenüber verhält, die ihr über die Beine läuft. Sie werden auch registrieren, ob und wie sie sich der Nähe des Tiers entledigt – unbedacht und grob oder behutsam und vielleicht auch mit Interesse am Tier.

Das Kind ist zunächst einmal vorsichtig, und das ist ja grundsätzlich richtig und verständlich. Das gehört zu den natürlichen Schutzreaktionen des Menschen. Macht das Kind wiederholt die Erfahrung, dass es eine Situation in ihrer Gefährlichkeit überschätzt hat, so wird seine Angst abnehmen. Je mehr ich über ein Tier und seine Lebensgewohnheiten weiß, um so wahrscheinlicher ist die Entwicklung einer relativ angstfreien Beziehung zu ihm. Positiv wirken sich bei ängstlichen Kindern auch Beobachtungen mit der Großlupe aus. Der Erzieher kann mit dem Kind gemeinsam das furchteinflößende Tier betrachten und durch sein Wissen eventuell neue Zugänge zum Tier schaffen[28]).

[28] Vgl. dazu Gebhard, Ulrich: Angst und Natur. 1994, S. 130 ff.

Es ist wichtig, die Angst bzw. den Ekel, den das Kind ausdrückt, anzunehmen. Sätze wie: »Du bist doch sonst so mutig« oder Vergleiche mit anderen Kindern, die keine Angst haben, gehören nicht hierher. Angst ist immer etwas Persönliches, da der emotionale Hintergrund und damit die angstauslösenden Momente von Kind zu Kind verschieden sind. Es fällt Kindern häufig schwer, auf die Frage nach dem »Warum« Antwort zu geben, da vieles im unbewussten Bereich begründet ist.

Angst vor der Natur

Bis gegen Ende des 19. Jahrhunderts war der Begriff »Natur« keineswegs so positiv besetzt wie heute. Natur bedeutete für den Menschen damals auch Bedrohung und Kampf; Kampf um Platz für die Felder, der der Natur durch Rodungen und Brände mühsam abgetrotzt werden musste, aber auch Kampf mit Naturgewalten wie Überschwemmungen, Feuersbrünsten, Ernteausfällen wegen anhaltender Dürre. Vielleicht tragen wir noch Spuren dieses feindlichen Verhältnisses, das häufig angstbesetzt war, in uns. Mythen, Sagen und Legenden vermitteln uns noch heute Einblicke in die Denkweisen unserer Vorfahren.

Mit der Industrialisierung bekamen die Menschen Möglichkeiten, die ihnen das Gefühl vermittelten, die Natur beherrschen zu können. Andererseits wurde dem Menschen seine Rolle als Zerstörer in der Natur bewusst.

Auch heute noch hat der Wald für Kinder etwas Geheimnisvolles, Fremdartiges. Man kann sich darin verlaufen, verzaubert und verwirrt werden. In Märchen wie »Rotkäppchen« und »Hänsel und Gretel« kommt diese Angst zum Ausdruck, der sich auch Erwachsene häufig nicht verschließen können. Wobei der Nervenkitzel, den eine Nachtwanderung bei Kindern und Jugendlichen auslöst, ein erwünschter Nebeneffekt ist. Im Wald kann man ja nachts tatsächlich leichter »verloren gehen« als in der Stadt. Woher sollte ich mir im Wald Hilfe holen, wen könnte ich um Rat bitten? Das Unvertraute des Waldes, verbunden mit einer nicht nachvollziehbaren Struktur, weckt Ängste.

Was Kinder im Wald brauchen, um ihre Ängste verstehend zu überwinden, sind Vertrautheit, Struktur und die Begleitung von angstfreien bzw. angstbewussten Erwachsenen.

Vertrautheit:

Vertrauen erwächst aus einer wiederholten positiven Erfahrung. Gebraucht wird Konstanz, in diesem Fall die Konstanz in Bezug auf die Umgebungsqualitäten, vor allem der Dreijährigen, in der Natur. In den ersten Tagen eines Waldprojektes sollte die Gruppe sich also möglichst nur an einem Waldplatz aufhalten.

Vertrautheit erwächst ebenso aus einer personalen Konstanz, das bedeutet für die Planung der ersten Woche: möglichst kein Wechsel der Bezugspersonen, keine unnötigen Besuche von Praktikanten usw.

Vertrautheit mit den Inhalten der Arbeit im Naturraum, also zu Beginn möglichst die gleichen Lieder, die gleiche Geschichte, dosierte Sachinformationen (bezogen auf Tiere möglichst über eine Tierart, die Kinder mögen, die ihnen sympathisch und relativ bekannt ist, zum Beispiel Schmetterlinge).

Struktur:

Struktur gibt Orientierung; struktursetzende Elemente der Waldkindergartenarbeit sind Rituale, rhythmisierte Tagesabläufe, verständliche und befolgte Regeln, kalkulierbares Erzieherverhalten.

Begleitung:

Die Begleitung angstfreier Erwachsener, ihre Sicherheit im Umgang mit Tieren, ihre Kenntnis des Platzes und seiner Besonderheiten, ihre Kompetenz im Umgang mit Situationen geben dem Kind Sicherheit und Vertrauen.

Wichtig:
Reale Furcht sollte nicht beschwichtigt werden. Sie hat ihren Sinn, der sich der Erzieherin durch Beobachtung und Gespräch erschließt,

und es ihr ermöglicht, an den Gefühlen des Kindes verstehend Anteil zu nehmen.

Es kann nicht Ziel der Arbeit mit Kindern im Wald sein, den Tod, auch den Tod eines Tieres, zu verdrängen. Diese Anlässe muss man nicht suchen, aber aufnehmen, wenn sie von einem Kind aufmerksam beobachtet werden. Es ist sicherlich sinnvoll, sich im Team über die dabei ausgelösten Gefühle auszutauschen. Der sorgsame, würdevolle Umgang mit einem toten Tier stärkt unbewusst das Vertrauen des Kindes und prägt sein Menschenbild. Ein Erwachsener, der moralisches Verhalten predigt, und ein überfahrenes Tier unbedeckt liegen lässt, wird unglaubwürdig.

3.6 Das Bild von der Erzieherin

(am Beispiel der pädagogischen Freispielbegleitung)

Ich verzichte bewusst auf den Begriff »Freispielführung«, weil aufgrund der besonderen Bedingungen in der Natur die Einflussmöglichkeiten des Erziehers anderen, bereits beschriebenen Einflussfaktoren untergeordnet sind und sein sollten.

Begleiten, hier im Sinne von anteilnehmender Beobachtung, aber auch im Sinne von Mittun, geleitet von eigenem Interesse:

- Begleiten im empathischen Wahrnehmen der Mitwelt; verbale und nonverbale Äußerung eigener empathischer Empfindungen.
- Begleiten, getragen vom Wunsch, die Kinder zu verstehen, ihre Interessen und subjektiven Bewältigungsformen wahrzunehmen und anzunehmen.
- Begleiten in der Bereitschaft, Zeit und Zuwendung zu geben, wenn ein Kind dies braucht.
- Begleiten in der Förderung sozialen, empathischen Verhaltens zwischen den Kindern.
- Begleiten als Kommunikationspartner – auch im Gespräch mit den Eltern (gute Möglichkeiten durch den »Elternmitgehdienst«) in gemeinsamen Lern- und Erlebensprozessen.
- Begleiten – nicht in der Funktion des Vorbilds, sondern als Resultat eines natürlichen Identifikationsprozesses der Kinder mit

dem Erzieher, den sie achten und schätzen und dessen Verhalten ihnen auf moralischer Ebene Orientierung sein kann.
- Beobachten, um die angeborenen Kompetenzen eines Kindes zu erkennen, um einen Ansatzpunkt für den Umgang mit Schwierigkeiten auf anderen Gebieten zu bekommen.
- Es ist nicht die Aufgabe der Erzieherin, die kindliche Erkundungsbereitschaft zu steigern. Aber sie kann Hilfen anbieten.[29]
- Stolpersteine auf dem Weg zu einer Erkenntnis sollen die Kinder möglichst selbst oder zusammen mit dem Erziehenden aus dem Weg räumen. Das Vertrauen in die eigenen Fähigkeiten und Kompetenzen kann so am ehesten gefördert werden.
- Das Freispiel ist von größter Bedeutung, weil es selbstgesteuerte und aus einem unabhängigen Impuls entstandene Erfahrungen ermöglicht, entsprechend der individuellen Lernbiographie eines jeden Kindes.
- Ins Spiel vertiefte Kinder, die den Zustand des »Fließens«[30] erreicht haben, sollte man auf keinen Fall stören.
- Nichts in der Natur ist ohne Bedeutung. Deshalb: Gerade dem Unscheinbaren und Kleinen Bedeutung und Würde zusprechen.
- Bei Regelverletzungen weist die Erzieherin die Kinder darauf hin.

3.7 Das Bild vom Kind im Naturraum

- Kinder sind ganze Menschen und keine Mängelwesen.
- Kinder besitzen einen angeborenen Sozialtrieb und sind empathische Wesen.
- Kinder haben eigene Ausdrucksformen.
- Kinder empfinden anders als Erwachsene.
- Kinder haben eigene Zeitrhythmen im Spiel.
- Kinder haben ein Recht auf ungestörte Spielabläufe.
- Kinder wollen so frei wie möglich mit Zeit und Raum umgehen.
- Kinder sind Impulsgeber und -empfänger.

---

29 »Vieles hätte ich verstanden, wenn man es mir nicht erklärt hätte.« (Stanislaw Jerzy Lec)

30 Nach Golemann, a.a.O., ist »Fließen« die höchste Form der emotionalen Intelligenz. Die Gefühle des Kindes sind positiv und voller Spannung auf ein Objekt gerichtet; Zustand der Selbstvergessenheit; Höhepunkt eines Lernprozesses.

- Kinder wollen Konflikte selbstbestimmt lösen.
- Kinder haben ein Recht auf Langeweile und Langsamkeit.
- Kinder suchen sich ihre Vorbilder – auch unter Kindern.
- Kinder können mit bekannten Gefährdungen altersentsprechend umgehen. Sie haben einen ausgeprägten Selbsterhaltungstrieb.
- Kinder haben ein Recht auf Rückzug und darauf, allein gelassen zu werden, wenn sie das wollen.
- Kinder sind fantasievoll und kreativ; sie wollen in der Natur autonom interpretieren und agieren.
- Kinder haben das Bedürfnis, Spuren zu hinterlassen.
- Kinder haben eine individuelle Lernbiographie und Anspruch auf möglichst unbeschränkten Zugang zu unterschiedlichsten Lernkanälen.
- Kinder brauchen Platz für raumgreifende Bewegungsabläufe.
- Kinder realisieren über Körpererfahrung Selbsterfahrung.
- Kinder haben Anspruch auf sinnvolle Aktivitäten.
- Kinder sind neugierig und haben Anspruch auf anschauliche, ganzheitliche Lernbedingungen.
- Kinder haben ein starkes Gerechtigkeitsgefühl; sie haben Anspruch darauf, vorurteils- und wertungsfrei angenommen zu werden.
- Kinder sind großartig: Sie sind bereit, Erwachsene an ihren Erlebnissen teilhaben zu lassen.
- Kinder sind großzügig und nicht nachtragend, sie kommen mit Erwachsenen zurecht, die ihre Fehler und Schwächen offen zugeben.
- Kinder sind grandiose Fokussierer und geben ihr Wissen gern an interessierte Kinder und Erwachsene weiter.
- Kinder haben Hoffnung und Anspruch auf eine Umgebung, in der diese Hoffnung Nahrung erhält.
- Kinder helfen Erwachsenen auf der Suche nach dem »verlorenen Glück«.
- Kinder haben das Recht, die Grenzen ihrer Körperlichkeit zu erproben.
- Kinder tragen die Verantwortung für ihre eigenen Beziehungen zu allen sie umgebenden Möglichkeiten.
- Kinder sind autonom in ihrer Auswahl von spontanen und stillen Impulsgebern.

- Kinder haben ihre eigenen Erwartungen, diese müssen nicht denen der Erzieherin entsprechen.
- Kinder brauchen einen Handlungsrahmen, das gibt ihnen Sicherheit und Orientierung.
- Kinder brauchen Rituale.
- Kinder verfügen über Selbstentwicklungsfähigkeiten und -kräfte.
- Kinder haben Anspruch auf Schonung und Respektierung ihres animistischen Weltbildes.

3.8 Ganzheitliches Lernen im Waldkindergarten

Die Pestalozzischen Symbole Herz, Kopf und Hand stecken den Rahmen ab, innerhalb dessen ganzheitliches Lernen möglich ist. Dabei ist das Herz die Basis der Bildung. Der Waldkindergarten kann die emotionale Basis schaffen für ein tiefes Verständnis der Welt.

Ein Lernprozess, der die Lebewesen in der Natur nicht aus ihren natürlichen Zusammenhängen reißt, sondern in ihrem Umfeld lässt und dort erfahrbar macht, bekommt für die Kinder eine andere Qualität. Die Echtheit von Primärerfahrungen, das Angesprochen-sein mit allen Sinnen, schafft emotionale Bezüge, die Anlass sein können, Fragen zu stellen: »Warum ....«. Hier haben Sachinformationen ihren Platz. Aber das Kind sollte auch Gelegenheit bekommen, Liebe zu üben.

Dabei heißt Anschauung nicht, den Aufbau eines Baumes anhand eines Fotos zu erfassen. Anschauung im Sinne Pestalozzis heißt, in den Wald zu gehen und dort den Baum mit allen Sinnen in seinem einmaligen Lebensraum und seiner Natürlichkeit zu erfassen.

3.9 Planungs- und Handlungsbedingungen im Waldkindergarten

Das Arbeiten in der freien Natur und die damit verbundenen Planungen unterliegen anderen Bedingungen als im Regelkindergarten. Geschlossene Räume machen Prozesse planbarer und prognostizierbarer.

Beeinflussung der Arbeit im Waldkindergarten durch autonome Faktoren:

- jahreszeitlicher Rhythmus,
- spontane und stille Impulse,
- Naturerscheinungen,
- Planungen/Arbeiten im Waldgebiet durch externe Personen,
- Bedürfnisse der Kinder/der Erzieherin/der Gruppe,
- Struktur des gewählten Waldplatzes.

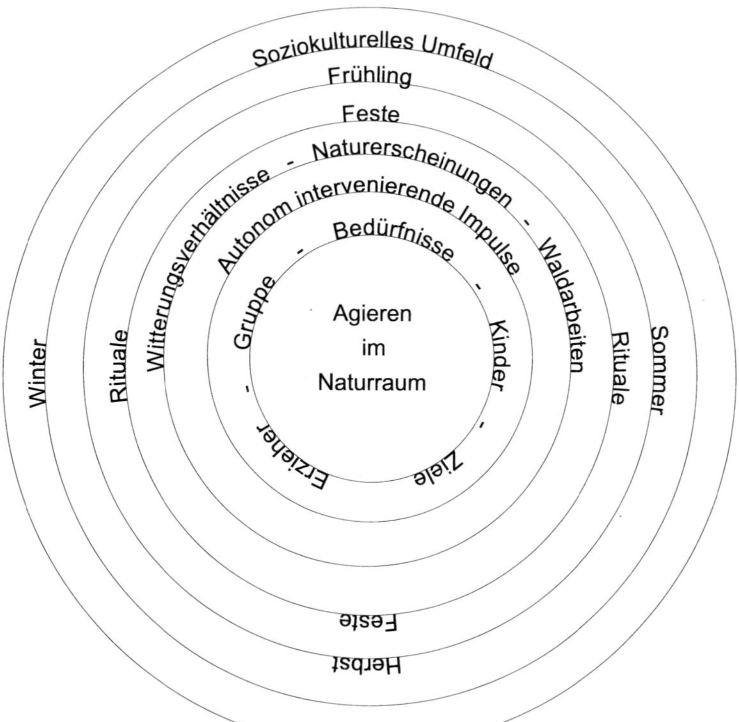

So wird die Erzieherin häufig Alternativen zu Schönwetter-Aktivitäten einplanen. Alles kann anders verlaufen als geplant, wenn das Interesse der Kinder unverhofft einem neu entdeckten Ameisenhaufen gilt[31]. Vielleicht sind auch die Waldarbeiter im angrenzenden Waldstück mit schwerem Gerät bei der Arbeit – Anlässe, geplante Pfade zu verlassen und sich mit den Kindern auf das Neue einzulassen.

Die Erzieherin wird dennoch Raum finden, selbst Impulse zu setzen. Sie wird aus einem situativen Erspüren und Reagieren heraus wissen, wann sie welche Impulse für sich und die Gruppe fruchtbringend einsetzen kann. Sie wird die von den Kindern ausgehenden Impulse aufnehmen und – falls geeignet – zum Thema der Gruppe machen; Themen wie Leben und Tod, Freundschaft, Angst oder »Helfen macht Freude« bieten sich an.

Die Eltern und das soziokulturelle Umfeld werden die Arbeit im Waldkindergarten durch ihre Impulse beeinflussen und bereichern.

Kinder in der »Klanglandschaft« Natur

In welche »Klanglandschaften« werden unsere Kinder hineingeboren, was hören sie täglich und immer wieder? Wie klingt es in der Stadt, wie klingt es in dem Land, in dem sie leben? Welches sind die charakteristischen Klänge, mit denen sie aufwachsen?

Sie leben in einer kulturspezifischen »Klanglandschaft»: Jedes Land hat seine Klänge, sein spezielles kulturell geprägtes Verständnis von Harmonie und klanglicher Schönheit. Jede Sprache hat ihre Rhythmen und Melodien – einmalig und unverwechselbar.

»Klanglandschaften« sind zunehmend verschmutzte Landschaften.

- Das »Klangleben« blendet einen Großteil des akustischen Lebens aus; die sinnliche Erfahrung unseres Daseins ist einseitig. Städtische »Soundscapes« führen zu einer Dauerberieselung mit Klang.
- Für einen großen Teil der Medien, die akustischen nämlich, bedeutet Stille einen Geldverlust.
- Manche Klänge können unser Gehör schädigen, ja zerstören. (Ein Drittel aller Jugendlichen leidet unter Hörschäden.)
- Klang wird kaum noch in seiner ursprünglichen Form wahrgenommen, er erreicht uns vielfach konserviert, gepresst, manipuliert, verzerrt, kopiert und verändert.

[31] Stiller Impuls

- Völker, die stärker in der Natur und mit der Natur leben, können noch die Laute und Klänge der Natur imitieren, in Kommunikation mit ihr treten. Diese Fähigkeit haben wir verloren.

Welche Klangerfahrungen können Kinder im Naturraum machen?
- Sie können in die Tiefe eines Raumes hineinhorchen.
- Sie können den eigenen Klang, die eigene Stimme, in die Tiefe eines Raumes aussenden.
- Sie machen unterschiedliche Erfahrungen mit dem Echo.
- Sie haben Gelegenheit, Laute im Moment ihrer Entstehung wahrzunehmen, in ihrer ursprünglichen Form und Qualität.
- Sie fühlen sich in der Klanglandschaft des Naturraums zu Hause.
- Sie nehmen die Klanglandschaft Natur wahr, ihre Momente der Stille, ihr Erwachen und Zur-Ruhe-Kommen, ihre jahres- und tageszeitlichen Rhythmen, ihre dramatischen und sanften Inszenierungen, die sich dem Zugriff der formenden strukturierenden Menschenhand entziehen.
- Sie entwickeln ein Gefühl für den Wert von Ruhe und Stille.
- Sie bilden ein Bewusstsein für die Ästhetik des Klangs aus.
- Sie entwickeln Ansprüche gegenüber Klangqualitäten; verweigern sich manchen, andere schätzen sie.

Der Naturraum - Quelle der Imagination

Naturklänge beflügeln die Fantasie des Kindes. In geschlossenen Räumen lassen sich Klänge zuordnen und ohne große Anstrengung interpretieren.

Im Naturraum beginnt – besonders bei nahen und leisen oder weit entfernten Klangquellen – das angestrengte, konzentrierte Lauschen, gefolgt von der gedanklichen Verknüpfung des Gehörten mit bereits erfahrenen Klangqualitäten. Bestehen Ähnlichkeiten mit bereits bekannten Klangquellen? Ist der Klang einer bestimmten Quelle zuzuordnen? Rätselhaftes, Unbekanntes wird zur Kraftquelle imaginativer[32] Kräfte. Diese bilden den Grundstock für imaginatives Lernen[33].

[32] Imagination: Vorstellungskraft; Bildung einer sogenannten »inneren Wirklichkeit«

[33] Imaginatives Lernen ist ein Sammelbegriff, der theoretische und praktische Ansätze mit dem Ziel bündelt, die bisher weithin unterschätzte Bedeutung von Vorstellungen für das Lernen herzustellen. Vgl. Pädagogik, Heft 7-8/1999, S. 6 ff.

Auch der erwachsene Mensch ist auf der Suche nach bestimmten Klanglandschaften; zum Beispiel, wenn er Erholung sucht. So lockt es manchen regelmäßig ans Meer.

Den Gezeitenwechsel kann der Mensch nicht beeinflussen. Der rhythmische Wellenschlag kann zum Medium der Ruhe und Entspannung werden, für manche Menschen begleitet von der beruhigenden Gewissheit, dass unerschöpfliche Kraftquellen existieren.

Waldlied

Arm in Arm und Kron' an Krone
steht der Eichenwald verschlungen,
heut hat er bei guter Laune
mir sein altes Lied gesungen.

Fern am Rand fing ein junges Bäumchen an,
sich sacht zu wiegen,
und dann ging es immer weiter
an ein Sausen, an ein Biegen;

kam es her in mächt'gem Zuge,
schwoll es an zu breiten Wogen,
hoch sich durch die Wipfel wälzend
kam die Sturmesflut gezogen.

Und nun sang und pfiff es graulich
in den Kronen, in den Lüften,
und dazwischen knarrt' und dröhnt' es
unten in den Wurzelgrüften.

Manchmal schwang die höchste Eichel
gellend ihren Schaft allein,
donnernd erscholl nur immer drauf
der Chor vom ganzen Haine!

Einer wilden Meeresbrandung
hat das schöne Spiel geglichen;
alles Laub war weißlich schimmernd
nach Nordosten hingestrichen.

Also streicht die alte Geige
Pan der Alte laut und leise,
unterrichtend seine Wälder
in der alten Weltenweise.

In den sieben Tönen schweift er
unerschöpflich auf und nieder,
in den sieben alten Tönen,
die umfassen alle Lieder.

Und es lauschen still
die jungen Dichter und die jungen Finken,
kauernd in den dunklen Büschen
sie die Melodien trinken.

Gottfried Keller

II. Der Waldkindergarten praktisch

1. Qualitätsmerkmal: Mit Gefährdungen umgehen können

Erkennen von Gefahrenquellen im Gelände

Bevor das Gelände für Kinder freigegeben wird, sollten die verantwortlichen Erzieherinnen es sich zusammen mit einem Förster genau ansehen.

Generell ist vorher abzuklären, wo es schützenswerte (sensible) Bereiche im Waldgebiet gibt, und wo Kinder und Erwachsene gefährdet werden könnten.

Fragen, die geklärt werden sollten:

- Wurde im Gebiet der Fuchsbandwurm festgestellt? (Die zuständige Forstbehörde fragen.)
- Sind im Boden Erdwespennester[1] vorhanden?
- Am Wegrand oder im Gelände liegende Baumstammpolder beobachten: Fliegen regelmäßig Wespen ein und aus?
- Wenn der Waldkindergarten im Frühjahr beginnt: Gibt es im Gelände Totholzstämme, die von Spechten und Wespen bewohnt werden? Vogelnester?
- Welche giftigen Pflanzen wachsen im Gebiet?
- Besonders nach Stürmen: Gibt es Astbruch?
- Gefrorene Pflanzenteile sind spröde. Haben Winterstürme Windbruch verursacht?
- Sind Waldarbeiten geplant? Wurden im Gelände Fallen aufgestellt?

[1] Man kann die Nester großzügig abgrenzen; die Wespen werden dennoch durch die Bodenschwingungen unruhig sein. Besser: diese Plätze meiden.

- Wo sind Hochsitze?
- Gibt es im Gebiet Luderplätze?[2]
- Gibt es gefährliche Abhänge/Steinbrüche?
- Sind tiefere Teiche vorhanden? Bei einer Wassertiefe von mehr als 40 Zentimetern sollte man sie eventuell einfrieden (vgl. dazu die rechtlichen Bestimmungen).
- Sind die Uferzonen flach geneigt oder schroff abfallend, sind sie trittsicher?
- Ist der Boden unter »Kletterbäumen« stoßdämpfend und frei von spitzen Gegenständen?
- Gibt es Glasscherben und Unrat auf dem Gelände?
- Wie tief sind Bachläufe (zu verschiedenen Jahreszeiten messen)?
- Wo befinden sich Ameisenhügel oder andere Tierbauten?
- In welchen Bereichen wachsen geschützte Pflanzen?

Müssen Äste (die manchmal sehr hoch hängen) beseitigt werden, sollte man sich mit der örtlichen Feuerwehr in Verbindung setzen, die die Äste im Rahmen einer Übung kostenfrei beseitigen kann.

Mit dem ortsansässigen Rettungsteam eine Ortsbesichtigung des Waldkindergartens einplanen, dabei die Lage der einzelnen Plätze zeigen (eventuell eine Skizze mitgeben).

Rechtzeitig mit den Eltern Absprachen über Gebrauch von Medikamenten, Cremes etc. treffen, Transparenz durch Aushang der Medikation in den Gruppen herstellen.

Zecken

Zecken werden bei Temperaturen zwischen acht und 16 Grad aktiv, also vorwiegend in den Monaten März bis Oktober. Männchen nehmen nur kurz Gewebeflüssigkeit auf und fallen dann ab. Weibchen bleiben bis zu 14 Tagen am Körper des Menschen, sie ernähren sich von menschlichem und tierischem Blut.
Zecken können zwei Krankheiten übertragen:

[2] Luderplätze: Orte, an denen Aas (tote Tiere) zum Anlocken von Raubwild ausgelegt wird.

Frühsommer-Meningo-Encephalitis (FSME, Hirnhaut-Gehirn-Entzündung)

Die Krankheit wird nur von Zecken übertragen, die mit dem FSME-Virus infiziert sind. Der Durchseuchungsgrad ist in der BRD sehr unterschiedlich. Es werden Statistiken geführt, so dass sich alle Erzieher (nicht nur die im Waldkindergarten arbeitenden) über besonders gefährdete Gebiete in ihrem Aufenthaltsbereich informieren sollten (Gesundheitsamt, Forstamt, Ärzte).

Krankheitsverlauf:
- Ohne Latenzzeit: Müdigkeit, Fieber, Kopf- und Gliederschmerzen, ca. 20 Tage Fieberfreiheit,
- Fieber, verbunden mit Nackensteifheit, Lichtempfindlichkeit, Schläfrigkeit, Sprachstörungen und Lähmungserscheinungen,
- unter Umständen bleibende Schäden.

Impfschutz:
- Information des Personals und der Eltern über Vorsorgemaßnahmen
- eventuell aktive Schutzimpfung:
  drei Teilimpfungen im Abstand von vier Wochen und zwölf Monaten oder
  Schnellimpfung im Abstand von sieben Tagen und 21 Tagen zur Erstimpfung.
- Passive Immunisierung (Zufuhr von Antikörpern) bei Erwachsenen bis zum vierten Tag nach erfolgtem Zeckenbefall möglich.

Ob der Waldkindergarten eine allgemeine Impf-Empfehlung ausspricht, ist auch vom Durchseuchungsgrad des Geländes abhängig. *Wichtig* ist in jedem Fall *eine rechtzeitige und umfassende Information der Eltern.*

Borreliose (Lyme-Krankheit)

Etwa ein Drittel der Zecken in der BRD ist, regional sehr unterschiedlich, mit Borrelien infiziert. Da die Borrelien im Darm der Zecke sitzen und von dort während des Saugvorgangs erst in den Speichel wandern (die Wanderung kann Stunden dauern), ist die Latenzzeit entsprechend lang.

Krankheitsverlauf:

- Bis zu drei Wochen nach dem Stich zeigen sich erste Krankheitssymptome, die mit denen einer Grippe vergleichbar sind.
- Eventuell ringförmige Rötung (bis handtellergroß) um die Einstichstelle. Vorsicht: Als normale Hautreaktion kann diese Rötung kurz nach dem Einstich auftreten.
- Beschwerdefreies Intervall, dann nach Wochen/Monaten im zweiten Stadium Symptome wie Gehirnhautentzündung, Herzentzündung oder Gelenkentzündungen.
- Im dritten Stadium (nach etwa sechs Monaten) chronische Infektion verschiedener Gelenke.

Behandlung:

- Bei Infektionsverdacht zeigt eine Blutuntersuchung, ob eine Borreliose-Infektion vorliegt.
- Eine rechtzeitige Behandlung mit Antibiotika verhindert Spätschäden.
- Es gibt keinen Impfschutz gegen die in Europa beheimateten Borrelien.

Allgemeine Verhaltensregeln während der Zeckenmonate:

- Helle Kleidung. (Darauf lassen sich die Zecken besser orten. Helle Sachen erwärmen sich weniger stark. Zecken reagieren auf die Wärmeabstrahlung des Körpers.)
- Vollständige Bedeckung des Körpers mit Kleidung, auch des Kopfes,
- festes Schuhwerk,
- Strümpfe über die Hosenbeine ziehen.
- Nach Entdecken einer Zecke sofortige und vollständige Entfernung,[3] Desinfektion der Einstichstelle, Notieren von Uhrzeit, Einstichstelle,
- Aufbewahren der Zecke in einem Zeckendöschen, so können die informierten Eltern entscheiden, ob sie die Zecke untersuchen lassen wollen (bis jetzt kostenfrei).
- Alle Eltern sollten die Waldkindergarten-Kleidung zu Hause ausschütteln/wechseln und das Kind nach Zecken absuchen.

---

[3] Wenn Teile der Stechwerkzeuge beim Entfernen zurückbleiben, so stößt sie der Körper nach einigen Tagen – in der Regel ohne Komplikationen – ab.

Der Fuchsbandwurm

Der drei bis vier Millimeter lange Bandwurm kommt vor allem im Dünndarm des Fuchses vor. Die Eier werden mit dem Kot ausgeschieden (der Fuchs selbst erkrankt nicht). Da der Fuchs gerne auf Baumstümpfen und anderen Bodenerhöhungen seine »Wegmarken« setzt, sollten diese aus Sicherheitsgründen nie die Funktion eines Waldvespertischs übernehmen. Die Eier sind monatelang überlebensfähig (auf Pflanzen oder feuchtem Boden). Katzen und Hunde können die an ihrem Fell haftenden Bandwurmeier ebenfalls übertragen.

Übertragbare Krankheit: Echinokokkose

Befallen ist die menschliche Leber. Da die Leber ein schmerzunempfindliches Organ ist, machen sich Krankheitszeichen erst bemerkbar, wenn Teile der Leber durch das Finnenwachstum zerstört sind.

Schutz:

- Beim Forstamt erkundigen, ob im besuchten Gebiet der Fuchsbandwurm festgestellt wurde.
- Im Verbreitungsgebiet Pilze, Früchte, Beeren und Heilkräuter nicht verzehren bzw. erst über 50 Grad erhitzen (die Eier sind bis ca. 18 Grad frostresistent).[4]
- Vor jeder Mahlzeit gründlich die Hände waschen, mit Seife und Nagelbürste.
- Bei Verdacht: Blutuntersuchung.
- Katzen und Hunde regelmäßig entwurmen.

Erste Hilfe

Vor Beginn eines Waldprojekts sollten alle beteiligten Erzieherinnen ihre Kenntnisse in erster Hilfe bei Kindern wieder auffrischen. Nur das gibt die Sicherheit, in Notfallsituationen mit der nötigen Umsicht zu handeln. Ein Auto sollte möglichst am Treffpunkt stehen. Ansonsten sind die üblichen Vorschriften zu beachten.

---

[4] Camping-Kocher mit in den Wald nehmen; so können z. B. gesammelte Heidelbeeren gleich zu Konfitüre gekocht und gegessen werden.

Allergien und Smog

Gefahren aus der Luft

Sommersmog und Pollenflug:
An den wärmsten Stunden des Tages (bei Sommerzeit zwischen 11.30 Uhr und 16.30 Uhr) ist die Belastung durch *Ozon* am höchsten.

Dann sollte man körperliche Anstrengungen vermeiden. Als harmlos gilt eine Ozonkonzentration bis zu 110 µg/m Luft als 8-Stunden-Mittelwert. Bei einer Ozonkonzentration über 180 µg/m im 1-Stunden-Mittelwert wird die Bevölkerung informiert. Ab 360 µg/m im 1-Stunden-Mittelwert ist die Alarmstufe erreicht. Im Sommer kann es in Wald und Feld bei Hochdruckwetterlagen zu relativ hohen Ozonkonzentrationen kommen. Kleine Kinder reagieren häufig empfindlicher auf Boden-Ozon als Erwachsene; eventuell sollte man ein Alternativ-Programm anbieten.

Beachten
Auf dem Land dauert der Ozonabbau länger als in der Stadt (in den Städten wird der Abbau durch Stickoxide, beispielsweise aus Autoabgasen, beschleunigt).

Das zweite Problem für die Atemwege sind *Pollen*. Etwa zehn Prozent der Deutschen reagieren allergisch auf Blütenstaub. In den Monaten Juni und Juli haben die Pollen von verschiedenen Gräsern, von Linde, Holunder, Spitzwegerich, Beifuß und Getreide ihre Hauptflugsaison. Vor Gräserpollen ist man im Wald relativ gut geschützt, wenn man gräserarme Waldplätze aufsucht.

Tipp: Pollenflug ist vor allem bei warmem, windigem Wetter stark. Nach Regenfällen ist die Luft »sauber«.

Insektengift-Allergie

Insektengifte, vor allem von Wespe, Biene, Hummel oder Hornisse (seltener auch Schnake), können schlimmstenfalls zum Anschwellen des Kehlkopfes mit Erstickungsgefahr führen. Sofort das Notfall-Set des Allergikers einsetzen und unverzüglich einen Arzt aufsuchen (unter Umständen besteht die Gefahr eines anaphylaktischen Schocks). Allergiepass und Notfall-Set sind für Insektengift-Allergiker ein Muss! (Problem bereits beim Aufnahmegespräch klären.)

Tipp Zur Linderung von Insektenstichen eine Zwiebel mitnehmen.

Schutz
Buntes und Schwarzes zieht Insekten an; bewusste Farbwahl.
Nicht achtlos essen und trinken. Schnell haben die Kinder ein Insekt auf dem Brot übersehen! Besonders süße Getränke, Fleisch und Wurst ziehen Insekten an. Vorsicht beim Verzehr von Obst!
Nicht nach Insekten schlagen!

Wundstarrkrampf (Tetanus)

Tetanus-Erreger finden sich in der Erde, in verrottetem Holz und in Fäkalien (tierischen und menschlichen). Schon kleinste Wunden können mit dem Erreger infiziert werden. Eine Tetanus-Impfung wird deshalb dringend empfohlen.

Tollwutgefährdete Gebiete

In betroffenen Gebieten führen die zuständigen Veterinärämter Schutzimpfungen durch. Auskunft geben auch die Forstbehörden. Die Kinder sollten verdächtig »handzahme« Waldtiere wie Füchse nicht berühren. Bei Verdacht auf Tollwut sollte man sich auf alle Fälle beim Arzt melden. Im Wald ausgelegte Impfköder nicht berühren; eine Gefährdung durch die abgeschwächten Tollwutviren kann nicht ausgeschlossen werden.

Giftpflanzen

Besonders gefährlich sind die Tollkirsche und der Seidelbast. Bei diesen Pflanzen wirken schon geringe Mengen tödlich. Die Erzieherin

sollte sich bei der Erkundung des Waldstückes die dort wachsenden Giftpflanzen und -pilze sowie deren Standort gut merken.
Die Kinder sollte man gleich zu Beginn eines Waldprojekts über die Giftigkeit bestimmter Pflanzen informieren und entsprechende Regeln vereinbaren. In jedem Falle ist auf der immer griffbereiten Telefonliste die *Giftzentrale* aufzuführen. Nützlich ist ein Fachbuch mit guten Bildern, so dass notfalls schnell eine Pflanze identifiziert werden kann.

Gewitter

Die allgemeinen Verhaltensmaßnahmen bei Gewitter gehören zum Basiswissen der Waldkindergärtnerinnen.

- Einzeln stehende, hohe Bäume meiden, auch Buchen und Linden. Stehen diese dann noch auf einer Wasserader, so ziehen sie Blitze verstärkt an.
- Im offenen Feld eine Mulde suchen (Bodenvertiefung) und sich hineinkauern.
  Waldränder meiden! Randständige Bäume leiten häufig Blitze ab. Der Wald wirkt dagegen wie ein Zeltdach, in dessen Mitte man Schutz finden kann.
- Das Auto ist ein sicherer Ort (Fenster schließen und die Antenne einfahren).
- In Zelten möglichst die Zeltwände und das Gestänge nicht berühren (sich in die Mitte des Zelts hocken).
- Nicht am Wasser aufhalten oder baden gehen!
- Hütten ohne Blitzschutzanlagen geben kaum Schutz.
- Blitzanziehende Punkte sind alle Erhebungen wie einzeln stehende Bäume und Bergspitzen.

Tipp

Entfernung des Gewitters = Zeitdifferenz zwischen Blitz und Donner = Anzahl der gezählten Sekunden x 340 = Entfernung des Gewitters in Metern (der Donner legt in der Sekunde 340 Meter zurück).

Starker Wind – Sturm

Gefahren

Abbrechen und Herunterfallen morscher Äste, vor allem bei Winterstürmen, da gefrorene Äste spröde sind.
Entwurzelung von Bäumen (vor allem von Flachwurzlern oder bei Standorten in nassen Lagen und auf Anhöhen).
Nach Holzeinschlag können sich verbliebene Äste auch bei relativ schwachem Wind aus den Kronen lösen.

Tipp

Nach Holzeinschlag das Waldstück mit dem Förster in Augenschein nehmen!

Verhalten bei starken Nassschneefällen und Eis

- Gefahr von Schneebruch und Eisbruch, besonders bei Temperaturschwankungen.
- Junge Wälder aufsuchen bzw. ein Alternativprogramm wählen.

Unfallrisiken

In der Bevölkerung wird allgemein vermutet, dass die Verletzungsgefahr im Wald höher ist als in einem Regelkindergarten. Die Erfahrungen bestätigen das aber nicht. Sicher trägt die nach einer Eingewöhnungszeit rasch zunehmende Bewegungssicherheit der Kinder dazu bei.

Durch ein festes und verständliches Regelsystem, das durch konsequent vorbildliches Verhalten der Erzieherin gestützt wird, kann man Unfallrisiken in der Natur minimieren.

Ein Kind, dem verantwortbare Entscheidungsspielräume zugestanden werden, wird diese seinem Alter entsprechend nutzen, und Risiken abwägend. Ein fahrbereites Auto sollte am Sammelplatz auf jeden Fall zur Verfügung stehen.

2. Qualitätsmerkmal: Wissen vom Wetter

Zur Vorbereitung der Waldkindergärtnerin auf ihre Arbeit gehören immer die Information am Tag vor dem Waldkindergarten/Waldtag und laufende Informationen am Morgen des Waldtages über das Wetter. So kann bei Wetterprognosen wie »Frühgewitter« oder »Sturmböen« noch am Abend eine Telefonkette in Gang gesetzt werden, um Informationen über ein Alternativprogramm weiterzugeben.

Wie es verschiedene Baumarten gibt, so gibt es auch Wolkenarten, die man mit etwas Übung gut unterscheiden kann. Sie können wichtige Hinweise auf sich anbahnende Wetterveränderungen geben und uns so helfen, ein heranziehendes Gewitter vor Ausbruch an den Wolkengestalten abzulesen. Ähnlich den Szenen in einem Film halten die Wolken dabei eine ganz bestimmte Reihenfolge ein. Cumulonimbus (Cb) heißt so eine imposante Regen- und/oder Gewitterwolke. Frühgewitter sind relativ selten, doch sie kommen vor, und dann sollte die Gruppe vorbereitet sein.

Es ist spannend, mit den Kindern möglichst täglich nach Wetterzeichen Ausschau zu halten. Altes Volkswissen wird wieder lebendig.

Tipp

An den Waldplätzen kann ein »Wetterzapfen« (Kiefernzapfen) hängen, der sich bei feuchtem Wetter schließt und bei trockenem Wetter öffnet. Auch das Beobachten der durch Flugzeuge erzeugten Kondensstreifen ist aufschlussreich: Bleiben sie länger erhalten oder verbreitern sich, so ist mit schlechterem Wetter zu rechnen (Feuchtigkeitszunahme in acht bis zehn Kilometern Höhe). Bei schneller Auflösung bleibt der Hochdruckeinfluss bestehen.

Morgenrot und Abendgrau kündigen Schlechtwetter und Regen an, Abendrot und Morgengrau Besserung. Finden wir morgens große Tautropfen, bleibt es schön. Der Ostwind bringt im Winter starken Frost, im Sommer hohe Temperaturen. Ein Windfähnchen am Platz kann erste Hinweise geben.

Ein einfaches Verfahren, um die Windrichtung festzustellen: Man hält den feuchten Zeigefinger hoch. Die dem Wind zugewandte Seite trocknet, kühlt sich durch die Verdunstungskälte ab und gibt uns so an, woher der Wind kommt.

Nebel bildet sich, wenn es durch Abkühlung der bodennahen Luftschichten zur Kondensation von Wasserdampf kommt. Luftverunreinigungen verstärken diesen Vorgang. Trifft Nebel auf unterkühlte Zweige und Gräser, so setzen sich die Nebeltröpfchen als *Raureif* ab. Diese Erscheinung können wir besonders im Herbst und Winter beobachten. Ein Blick durch die Lupe zeigt den Kindern die Schönheit des Rauhreifs.
Auch die Spinne ist ein guter Wetteranzeiger. Spinnt sie auch bei trübem Wetter ein Netz, so ist mit Besserung zu rechnen. So sind Bauernregeln ein Wissensschatz, den wir an die Kinder weitergeben sollten (mit den entsprechenden schönen Sprüchen).

Tipp

Anfertigen eines »Wetterkalenders« mit den älteren Kindern. Einfache Symbole dafür verwenden. Das Wetterbuch kann im letzten Jahr des Waldkindergartens täglich mitgenommen werden.

3. Qualitätsmerkmal: Wissen vom Wald

Um Kindern kompetente Weggefährtin in der Natur zu sein, braucht die Erzieherin Grundkenntnisse. Ansätze *vernetzten Denkens* lassen sich nur auf der Basis dieses Wissens vermitteln. So sind fast alle Pflanzen und Tiere Glieder mehrerer Nahrungsketten. Ein Tier ist Jäger und Gejagter. Einseitigen Schuldzuweisungen durch Kinder kann so mit dem Hinweis auf Sinn und Notwendigkeit bestimmter Geschehnisse in der Natur begegnet werden.
Beispiel: Der Vogel ist böse, der frisst den Wurm.

Leider befassen wir uns mehr mit Einzelstrukturen als mit Systemen. Die Erzieherin wird aufgrund ihres Hintergrundwissens spüren, wann und mit welcher Anschaulichkeit sie das Gespür für die *Vernetztheit* in der Natur bei Kindern und Eltern fördern kann.

Alles kann man nicht wissen, schon gar nicht von Anfang an, aber wann immer sich Fragen auftun, sollte der Erwachsene mit den Kindern gemeinsam nach Antworten suchen. Vielleicht gibt es unter den Eltern sogar eine Vogelkundlerin oder einen Jäger. Auch gute Bücher sind hier nützliche Wegbegleiter. Da jede Landschaftsform ihre charakteristische Flora und Fauna hat, werden die Erzieherinnen sich in jedem Waldprojekt anders vorbereiten. Mit jeder wach durchlebten Jahreszeit wird der Wissensschatz wachsen, werden sich Verknüpfungen mit zuvor Erfahrenem zeigen.

Es gibt schöne Waldspiele, die die verschiedenartigen Beziehungen zwischen den Elementen der belebten und unbelebten Natur auch und gerade für Kinder erfahrbar machen.

Wissen, das man sich möglichst bald aneignen sollte:

- In welchen Lebensräumen wohnen/leben die in unserem Wald beheimateten Tiere?
- Welchem Schlaf-Wach-Rhythmus folgen sie?
- Welche Tiere sind winteraktiv, welche halten Winterschlaf oder Winterruhe?
- Wovon ernähren sie sich?
- Wo gibt es symbiotische Verbindungen zwischen Tieren und Pflanzen?
- Wann pflanzen sie sich fort, in welcher Zeit erfolgt die Aufzucht von Jungen (Setz- und Brutzeiten)?
- Welche Veränderungen vollziehen sich in der Gestalt der Tiere (etwa bei Schmetterlingen[5])?
- Wie heißen die gängigsten Bäume und Pflanzen in unserem Wald?
- Was tun sie für uns? Warum ist das Moos zum Beispiel so wichtig?

---

[5] Sehr schön zur Einstimmung des Erwachsenen dazu: Hesse, Hermann: Schmetterlinge. Betrachtungen, Erzählungen, Gedichte. 1979

Unterwegs mit dem rollenden Kindergarten

Es gibt kein schlechtes Wetter, nur falsche Kleidung

Morgenkreis: Stimulieren der Widerstandskraft

Fabian und Malina spiegeln sich in der Pfütze

Gräser bestimmen mit Erzieherin Regina

Tatjana, Fabian, Julius vorn

Mit Gräsern Haut streicheln

...und musizieren

Versteck-spielen in der Wiese

4. Schlechtes Gewissen gegenüber der Natur oder sinnvolle Regeln?

Das Bambi-Syndrom

Bei allem Regelbewusstsein sollten die Erziehenden eine Tatsache nicht aus dem Auge verlieren: Wer nur noch mit schlechtem Gewissen in die Natur geht, kann kein positives Verhältnis zu ihr entwickeln.

Rainer Brämer beschreibt in seinem Artikel »Das Bambi-Syndrom«[6] die fatalen Auswirkungen einer moralisierenden Verniedlichung der Natur, die nicht zuletzt das Ergebnis einer verfehlten Naturschutzpädagogik ist. Deshalb: *Wir brauchen keine Rühr-, sondern Berühreffekte!*

Von entscheidender Bedeutung ist das dem Regelbewusstsein zugrundeliegende Bild der Erzieherin von der Natur. Sie sollte sich kritisch damit auseinandersetzen. Dieser Punkt ist von solcher Bedeutung, dass er zum Gegenstand eines Teamgesprächs gemacht werden sollte. Wenn der Waldkindergartenalltag darin besteht, dass Kinder fortgesetzt restriktiven, moralisierenden Äußerungen der Erzieherin ausgesetzt sind, dann kann die autonom strukturierte Umgebung ihre Wirkung auf das Kind kaum entfalten! Das Kind wird sich in der Folge als Störenfried im Naturraum empfinden und die Natur als mehr oder weniger bedrohtes Gegenüber. So sollte auch ein von einem Kind zertretenes Tier die Erzieherin nicht dazu veranlassen, diesen Vorgang zu dramatisieren und das Kind in die Ecke des emotionslosen Bösewichts zu stellen. Sie kann ihren eigenen Empfindungen über den Tod des Tieres Ausdruck verleihen; das reicht.

---

6 Brämer, R.: Das Bambi-Syndrom. In: Psychologie heute. Heft 8/1998, S. 64 ff.
Das Bambigleichnis: Die Natur ist wie ein verlorenes Kitz – man will es anfassen, aber darf es nicht berühren.
Kinder stellen sich die Umwelt als hilfloses, schutzbedürftiges Wesen vor – das weckt bei ihnen Pflegeinstinkte.

Allgemeine Regeln

- Die Kinder bleiben in Hör- bzw. Sichtweite einer aufsichtführenden Person.
- Die Kinder antworten, wenn sie gerufen werden.
- Möchte das Kind die Grenzen des Waldplatzes überschreiten, so spricht es vorher mit der Erzieherin darüber.
- An bestimmten Haltepunkten wartet jedes Kind, bis alle diesen Ort erreicht haben.
- Im Winter sprechen die Kinder vor dem Ablegen eines Kleidungsstückes mit der Erzieherin.
- Niemand rennt mit Stöcken herum.
- Nur am Toilettenplatz wird das »Geschäft« verrichtet.
- Geschnitzt und gesägt wird unter Aufsicht oder wenn die Erzieherin die Erlaubnis gegeben hat.
- Wasser aus stehenden und fließenden Gewässern wird nicht getrunken.
- Das Essgeschirr wird nicht zum Wasserholen benutzt.
- Wir lassen keinen Unrat im Wald zurück.
- Unrat, den wir finden, entfernen wir gemeinsam aus dem Wald.
- Auf feuchten Baumstämmen nicht balancieren (Rutschgefahr).
- Nicht auf Holzpolter klettern. Die gestapelten Stämme können wegrollen, die Polter könnten mit Gift behandelt sein (gegen Borkenkäfer).
- Vorsichtiger Umgang mit Stöcken und Steinen.
- Tierkadaver und -kot dürfen nicht angefasst werden.

Umgang mit Tieren

Jedes Tier hat – wie wir Menschen – sein ihm vertrautes Lebensumfeld. Hier kennt es
- lebensrettende Schlupfwinkel,
- Nahrungsquellen,
- Gefahrenquellen,
- Orientierungspunkte.

Deshalb gilt:
- Tiere möglichst in ihrem Lebensumfeld belassen.

- Ein waches Auge für Tierbauten haben (Ameisenhaufen, Vogelnester, Fuchshöhlen, Mauselöcher etc.) und sie unverändert stehen lassen!
- Umgedrehte Steine wieder an ihren Platz zurücklegen.
- Zur Beobachtung aufgehobene Tiere möglichst bald wieder am Aufnahmeort freilassen.
- Tiere in ihrem gewohnten Element belassen.
- Beim Aufnehmen von Tieren besonders vorsichtig sein (viele Tiere werden durch unsachgemäße Berührung verletzt).
- Gläser mit Tieren nicht der Sonne aussetzen.
- Bevor Baumstrünke bearbeitet werden, eventuell »anklopfen«. Die dort lebenden Tiere gewinnen so Zeit für den Rückzug.[7]

Tipp

Das Beobachten mit der Großlupe erleichtert die Beobachtung der Tiere in ihrer natürlichen Umgebung, auch bei schnellen Tierbewegungen.

Wassertiere können in Becherdosen beobachtet werden; diese vorher mit Wasser des Entnahmeortes füllen. Vorsicht: Niemals »Feinde« zusammen in eine Becherlupe geben! Einen feinen Pinsel oder ein Blatt zum Aufheben des Tieres benutzen

Spruch zum »Anklopfen«:

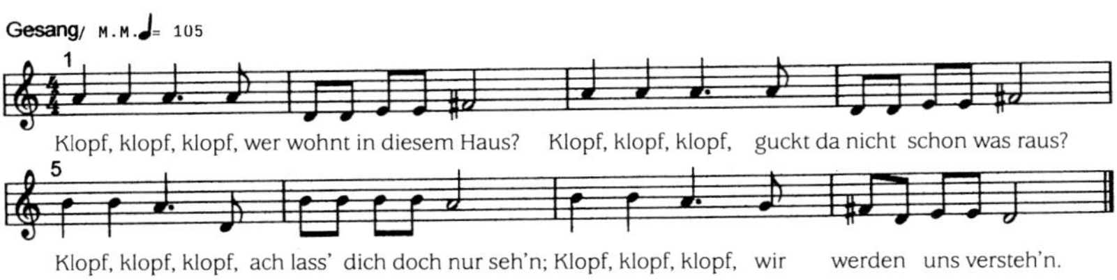

Klopf, klopf, klopf, so komm' doch bald heraus
Klopf, klopf, klopf, aus deinem morschen (schönen) Haus.

Ingrid Miklitz

[7] Mögliche Bewohner sind z. B. Asseln, Spinnen, Springschwänze, Käfer, Ameisen, Ohrwürmer; vor allem in den Wintermonaten.

Umgang mit Bäumen, Sträuchern und Pflanzen

- Die Rinde ist die »Haut der Bäume«. Sie darf nicht verletzt werden.
- Baumwurzeln von lebenden Bäumen möglichst nicht freilegen.

Tipp: Freigelegte Haarwurzeln mit Schlammpackung abdecken und so »heilen«.

- Besonders strapazierte Bereiche sichtbar absperren bzw. Waldplatz wechseln oder bei besonderen Witterungsbedingungen schonen.
- Nicht unbedacht Zweige und Äste abbrechen (außer Totholz).
- Bewohnte Totholzstämme nicht bearbeiten (sie dienen häufig Spechten, Holzwespen und anderen Tieren als Wohnung).
- Wirklich benötigte Zweige und Äste zusammen mit der Erzieherin suchen. Sich dabei von dem Gedanken leiten lassen, dem Baum oder Strauch möglichst wenig zu schaden – das heißt, nur solche Zweige entfernen, durch die die natürliche Wuchsform des Baums oder Strauchs möglichst wenig beeinträchtigt wird.
- Keine Beeren, Pilze, Früchte in rohem Zustand verzehren (Schutz vor Fuchsbandwurm).
- Generell: Nicht ohne Erlaubnis Blätter, Pflanzenteile oder Früchte probieren.

Tipp: Mit den Kindern Beeren sammeln und zu Marmelade kochen.

- Herausgerissenes Moos möglichst immer wieder verwenden.

Tipp: Korb mit »Spielmoos« anlegen.

- Beim Pflücken von Pflanzen immer nur einige dieser Art von einem Entnahmeort mitnehmen.

Tipp: Die Kinder die Pflanze oder Blüten malen lassen; so bleiben sie uns länger erhalten, als schnell welkend zu Hause in der Vase.

- Geschützte Pflanzen stehen lassen.

Ist der Waldplatz für die Kinder neu, diese Bereiche sichtbar abgrenzen. Die Zeichen können nach ca. drei Tagen entfernt werden; die sensiblen Bereiche werden den Kindern im Gedächtnis bleiben.

Wenn Kinder hoch hinaus wollen: Der Kletterbaum
Waldkindergartenkinder klettern gerne und viel. Wenn die Kinder einzelne Bäume erklettern wollen, sollten sie das nicht ohne Aufsicht und vor dem Hintergrund bestehender Regeln tun.

Nicht alle Waldplätze haben einen geeigneten Baum. Hat das Team einen gefunden, sollte es den Gesundheitszustand des Baumes kennen. Bei Unsicherheiten und Fragen hilft der Förster gerne.

Niedrig beastete Bäume eignen sich besonders. Der Boden unter dem Kletterbaum sollte frei von spitzem Gehölz sein. Eventuell kann der Boden mit Rindenmulch gepolstert werden.

Das Team sollte sich rechtzeitig Gedanken über das Klettern machen, Regeln entwickeln und die Kinder informieren. Wichtiges Kriterium zur Beurteilung der Klettersicherheit eines Kindes ist seine Fähigkeit, den erkletterten Baum wieder sicher und ohne Hilfestellung hinabzuklettern.

Die Kinder sollten darauf hingewiesen werden, dass sie beim Klettern nur dicht am Stamm auf die Äste treten sollten, da hier Stabilität und Tragfähigkeit am größten sind. Auf festes Schuhwerk und freie Hände achten. Grundsätzlich gilt auch hier: *Verantwortbare Grenzerfahrungen* ermöglichen!

Umgang mit Feuer

Neben den gesetzlichen Bestimmungen sollten folgende Regeln eingehalten werden:

- Den Feuerplatz bewusst wählen, ein windgeschützter Platz ist ideal.
- Die nächsten Bäume/Unterholz, der nächste Bach sollten mindestens fünf Meter entfernt sein.
- Wetterverhältnisse beachten: Bei anhaltender Trockenheit und/oder starkem Wind kein Feuer anzünden.

- Um die Feuerstelle im Umkreis von etwa vier Metern den Boden von Blättern, Reisig und dürrem Gras reinigen.
- Das Feuer muss grundsätzlich immer bewacht werden.
- Es ist nicht erlaubt, flüssige Brennstoffe einzusetzen.
- Das Feuer klein/kontrollierbar halten.
- Zum Löschen Wasser oder feuchte Erde verwenden (bis kein Dampf mehr zu sehen ist); Eimer und Wasser bereithalten.
- Die kleinsten Glutreste können das Feuer durch einen Windstoß wieder entfachen. Deshalb: Die Feuerstelle vor dem Verlassen sorgfältig nach Glutresten absuchen. Ganz sicher: Mit Erde und Steinen die gelöschte Feuerstelle abdecken.

5. Qualitätsmerkmal: Der rollende Kindergarten

Praktischer Wegbegleiter im Waldkindergarten ist ein Planwagen, Leiterwagen, auch Bollerwagen genannt. Dieser Wagen wird mit allem beladen, was die Waldgruppe an einem Tag benötigt. Bewährt haben sich luftbereifte Wagen mit Plane. Praktisch sind in ihre Einzelteile zerlegbare Wagen (Kosten: ca. 400 DM).

Mitgeführt werden:

☑ Die Erste-Hilfe-Ausrüstung, die um folgende Gegenstände erweitert werden sollte: Wärmefolie (oder Decke), Zeckenzange, 2 kleine Dosen (zum Aufbewahren der Zecke), Rettungsdecke, evtl. Hängematte, Sonnencreme (im Winter bei Minustemperaturen eine Fettcreme als zusätzlicher Kälteschutz), Harzlöser, sehr feine Pinzette, insektenabwehrende Lotion, Creme zur Nachbehandlung von Insektenstichen, Erste-Hilfe-Broschüre

☑ Wasserkanister: möglichst mit Isolation und Wasserhahn (Auf einfache Handhabung achten!)

☑ Handwaschmittel: sollte biologisch abbaubar sein (Lavaerde hat sich bewährt.)

☑ 2-3 Handbürsten

☑ 2 Handtücher

☑ 2 Thermoskannen für Tee
☑ 1 Klappspaten: zum Vergraben der Exkremente
☑ Toilettenpapier: ungebleicht, unbedruckt
☑ 1 große Plane: gewebeverstärkt, mit Ösen, gute Größe: 4 m x 6 m (ca. 50 DM); kann bei starkem Regen über den Frühstücksplatz gespannt werden; deshalb Seil nicht vergessen.
☑ Ersatzkleidung: der Jahreszeit und Witterung entsprechend für zwei Kinder (lieber etwas größer)
☑ Bilderbücher: Der Jahreszeit und möglichen Schwerpunkten entsprechend. Vorher einbinden!
☑ Bestimmungsbücher; nach Bedarf für Tiere, Pflanzen, Tierspuren usw.
☑ Werkzeugkoffer:
Taschenmesser mit Sägefunktion, Holzbohrer (verschiedene Größen), Schnur, kleine Sägen (praktisch: Puck-Sägen), harte Unterlagen.
☑ Lupen: Großlupen (erleichtern das Beobachten von Tieren in ihrem natürlichen Lebensumfeld), Becherlupen (Tiere können im Medium Wasser beobachtet werden).
☑ Sammelbeutel für die vielen kleinen und großen Schätze, aber auch zum Sammeln von Kräutern u.a.
☑ Ersatz-Iso-Sitzkissen
☑ Handy (mit verständlicher Benutzungsanweisung)

Tipp

Praktisch bei zwei Gruppen oder falls die Gruppe sich teilt: leistungsstarkes Walkie-Talkie (tragbares Funksprechgerät). Eventuell zwei Handys, davon eines auf niedriger Gebühr laufen lassen.

☑ Telefonliste (Eltern, die nächsten Ärzte, Krankenwagen, Giftzentrale, Forstamt),
☑ 2-3 Abfallsäcke, Plastikbeutel in unterschiedlichen Größen.
☑ Jedes Waldkindergartenkind trägt außerdem einen Rucksack.

Die Kinder brauchen:
☑ Iso-Sitzkissen (kann gut mit dem Namen des Kindes beschriftet werden),

- ☑ Trinkbecher (auf Standfestigkeit achten; daher: großer Becherboden),
- ☑ Frühstücksdose (Mehrwegbehälter möglichst isoliert; wichtig im Winter),
- ☑ 2 Sammelbeutel,
- ☑ Regenkleidung,
- ☑ evtl. Arbeitshandschuhe,
- ☑ im Winter Ersatzhandschuhe und -strümpfe,
- ☑ im Sommer Kopfbedeckung,
- ☑ persönliche Schutzcreme.

Die Erzieherin wird sich für ein akustisches Signal entscheiden und das Instrument dafür mitnehmen – vielleicht ein Glöckchen, eine Flöte, eine kleine Harfe. Sie wird das auswählen, was ihr zusagt und den Kindern vertrautes Signal werden wird. Bei der Flöte ist ein kleines Kuckuckspfeifchen schön, da auch die Kinder hier »Signalgeber« sein können.
Spaten und Rechen können sich als Danaergeschenk erweisen. Sie gehören nicht in den Wald:

- Sie verletzen in größerem Maße als »Waldwerkzeuge der Kinder« Haar- und Baumwurzeln.
- Sie beschleunigen Prozesse; den Kindern gehen Entdeckungen, die beim langsamen Erarbeiten möglich sind, verloren.
- Rechen verletzten im Laub lebende Tiere.
- Sie begünstigen eine negative einseitige Strukturierung im Naturraum.
- Sie nehmen dem Kind die Lust, sich als Werkzeugsucher und -macher zu betätigen.

Tipp

Es muss in jedem Fall diskutiert werden, was die Kinder mit in den Wald bringen dürfen.

6. Qualitätsmerkmal: Vielfalt der Geländestruktur

Bei den Indianern gab es ein Sommer- und ein Winterlager. Ganz so ist es im Waldkindergarten nicht. Aber die Erzieherin trägt doch die Verantwortung, je nach bestehender oder zu erwartender Witterung für diesen Tag einen geeigneten Waldplatz auszuwählen. Erfahrungswerte zeigen, dass man in der Regel für jede Kindergruppe vier bis fünf Waldplätze mit unterschiedlicher Struktur benötigt. Der Aufenthalt auf verschiedenen Plätzen reduziert die Belastung des einzelnen. Sensible Waldbereiche wird die Forstbehörde als Ort für einen Waldkindergarten ohnehin nicht genehmigen.

Charakteristik der verschiedenen Plätze:

Der Treffpunkt (Start- und Abholplatz)
Eine gute Verbindung zum öffentlichen Verkehrsnetz ist Voraussetzung. Der eigentliche Platz der »Übergabe« der Kinder sollte möglichst nie direkt an der Straße, sondern etwas waldeinwärts liegen, um wartende Kinder nicht zu gefährden und durch später ankommende Autos bei der »Stilleübung« bzw. im Morgenkreis nicht gestört zu werden.

Der Sonnenplatz
Man braucht ihn an kühleren Tagen (vor allem in den Wintermonaten). Möglich sind Waldrandplätze, Lichtungen oder ähnliche Stellen im Wald. Vielleicht gibt es auch eine angrenzende Wiese.

Der Regenplatz
Hier eignen sich junge, dichte Baumbestände und Nadelbäume mit tief herunter hängenden Ästen, von denen der Regen langsam abtropft. Kommt zum Regen noch Wind dazu, so ist vor allem in der kalten Jahreszeit darauf zu achten, dass der Platz auf der windabgewandten Seite liegt. Humoser Boden nimmt auch große Wassermengen gut auf.

Der Märchenplatz
Vielleicht heißt er auch Sofaplatz – in Anlehnung an das dort stehende Waldsofa (Beschreibung im Anhang). Es sollte ein Platz sein, der Schatten bietet und die Möglichkeit, auf einer ebenen Fläche einen Sitzkreis zu gestalten.

Der Feuerplatz
Einige Waldkindergärten können vorhandene Grillplätze nutzen. Generell ist eine Genehmigung bei der zuständigen Forstbehörde einzuholen, die auch über geltende Sicherheitsbestimmungen informiert.

Das Element Feuer zu erleben bedeutet eine große Bereicherung für Kinder und Erzieher. In Vergessenheit geratene Kulturtechniken wie die Kunst des »Anfeuerns« können erlernt werden. Vielleicht gibt es auch ein »Lehm- oder Steinofen-Projekt« unter Mitwirkung der Eltern.

Der Windplatz
Junge Baumbestände ohne dürre, bruchgefährdete Äste.

Der Wasserplatz
Er bietet durch einen Bachlauf oder Tümpel den Kindern die Möglichkeit, das Element Wasser zu erforschen.

Vielfalt der Geländestruktur

Gelände:
Schön sind Mulden, kleine Hügel, ebene Flächen, Wiese etc.

Flora und Fauna:
Fichtenmonokulturen möglichst meiden; sie sind zu eintönig und dämpfen möglicherweise die Stimmung. Schön sind Mischwälder, die einen Artenreichtum an Pflanzen und Tieren begründen. Hochwälder, auch »Kathedralen der Natur« genannt, ermöglichen besondere Raumerfahrungen und das Erlebnis großer Baumgestalten.

Wasser:
Wasser erschließt Kindern und Erziehern neue Lebensräume der Tier- und Pflanzenwelt, ermöglicht das Erleben des Elements und seiner unterschiedlichen Aggregatzustände im Laufe der Jahreszeiten, ob im Teich oder Bach. Und welche Qualität bekommt das Märchen vom »Froschkönig«, wenn es am Rand eines Teiches erzählt wird!

Nach einiger Zeit werden Kinder und Erwachsene mehr sehen, werden hinter die ruhige Oberfläche des Teiches schauen, den Wettstreit um Licht, Sauerstoff und Raum erahnen, der sich unter der Wasseroberfläche verbirgt. Die Formen, die der Teich über die Jahreszeiten hin angenommen hat, werden sich ihnen einprägen, ebenso wie das Wissen um die Verwandlungskräfte in der Natur.

Verschiedene Erdarten:
Besondere Möglichkeiten bieten zum Beispiel Lehmböden. Aus verschiedenen Erdarten lassen sich unterschiedliche Erdfarben herstellen. Außerdem begründen sie eine jeweils andere Flora und Fauna.

Totholz:
Abgestorbene Äste, Zweige und ähnliches werden zum Spiel- und Gestaltungsimpuls für Kinder und Erwachsene. Aus größeren Zweigen und Ästen lassen sich sogar Waldhütten bauen.

Wichtig ist, dass die einzelnen Waldplätze nicht weit voneinander entfernt liegen. So kann bei einem sich abzeichnenden Wetterumschwung schnell ein günstigerer Platz aufgesucht werden.

Die Schutzhütte sollte im geographischen Mittelpunkt der Plätze liegen, um bei Gefahr schnell erreichbar zu sein.

Zu berücksichtigen ist, dass die Kinder in der Natur ein anderes Gehtempo haben als auf asphaltierten Wegen.[8]

---

[8] Grundsätzlich gilt in der Natur: Der Weg *ist* das Ziel. Deshalb sollten wir uns und den Kindern Zeit lassen für »Entdeckungen am Wegesrand«.

»Stellen wir uns vor, wir müssten einige Kilometer über eine
schnurgerade, ebene, hindernisfreie Betonbahn gehen.
Am Ende der Strecke werden wir ermattet sein.
Wie anders wird es uns bei einer Wanderung durch einen
Wald ergehen!
Da sind verschlungene Pfade. Es geht über Stock und Stein.
Wurzeln, Moos, dichtes Gebüsch, Rinnsale. Das Licht ist
dämmrig.
Du musst ganz Auge, ganz Ohr sein. Ganz Nase. Es duftet
nach Waldkräutern
und Waldboden. Seltsame Geräusche von überall her.
Vogelstimmen.
Am Ende des Weges sind wir erfrischt, fast wie neugeboren.
Was war geschehen?
Im Walde war ich mit Körper, Seele und allen Sinnen voll
beansprucht,
überall kleine, mit Hindernissen verbundene Wagnisse.
Auf der risikolosen Betonbahn forderte mich nichts heraus.
Ich hatte nichts zu bestehen. Ich war sozusagen überflüssig.
Das ist es, was uns kaputt macht:
Die Unterschlagung unserer Fähigkeiten.
Wo kein Wagnis, da kein Gewinn, wo kein Spiel,
da kein Leben.«

Hugo Kükelhaus (1900–1984)

Wenn es die Witterung zulässt, sollte man möglichst an mindestens zwei aufeinanderfolgenden Tagen den gleichen Waldplatz aufsuchen. Die Kinder haben so die Möglichkeit, an einem Spielobjekt weiter zu arbeiten oder an bekannte Spielstrukturen anzuknüpfen.

Jeder der benutzten Waldplätze muss über einen vorher bestimmten und räumlich klar definierten »Toilettenplatz« verfügen. Dieser sollte natürlich etwas außerhalb des Spielbereichs liegen. Möglich ist auch eine optische Abgrenzung als Sichtschutz:

Die Kinder haben in die senkrecht in der Erde steckenden Stöcke trockenes »Sommergras« verwoben. In der Ecke steht ein Klappspaten zum Vergraben der Exkremente, liegt Toilettenpapier. Der

Boden sollte nicht zu dicht verwurzelt sein, so dass ein Vergraben ohne größere Mühe und Beschädigung von Wurzeln möglich ist.

Die Möglichkeit zum Händewaschen kann hier oder am Händewaschplatz beim Vesperplatz angeboten werden.

Erfahrungen zeigen, dass die Kinder sehr selten während des Vormittages auf die Toilette gehen müssen. Einige Waldkindergärten benutzen (eventuell in den Schutzhütten im Nebenraum untergebrachte) Campingtoiletten. Sie erweisen sich in der Praxis nur dann als hilfreich, wenn sich die Gruppe immer in unmittelbarer Nähe aufhält. Dies ist aber meist nicht der Fall, da unterschiedliche Waldplätze aufgesucht werden. Praktisch ist ein »Kleiderständer« (tote Astholzenden von Bäumen) zum Aufhängen von Kleidungsstücken am Toilettenplatz.

7. Qualitätsmerkmal: Witterungsangepasste Kleidung

Sommerkleidung

Auch wenn es warm ist, sollte der Körper der Kinder bedeckt sein. Dadurch sinkt die Verletzungsgefahr durch vorbeistreifende Zweige und Äste. Außerdem wird der Kopf vor möglichen Zeckenbissen geschützt. Wichtig ist ein Sonnenschutz für den Kopf. Der Schirm der Sonnenkappe sollte so groß sein, dass das Gesicht im Schatten liegt. Praktisch sind Mützen mit integriertem Nackenschutz. Hosen mit Schlaufen und größeren Ösen erhöhen die Verletzungsgefahr, ebenso lange Schuhbänder und -schlaufen. Praktisch ist die »Zwiebelmethode«, damit man nach Bedarf Kleidungsstücke ausziehen kann.

Winterkleidung

Auch das Geheimnis, sich bei Kälte warm zu halten, liegt im »Zwiebelsystem«. Mehrere Schichten dünner, locker sitzender Kleidung schützen besser als wenige dicke. Der Grund ist, dass die zwischen

den Kleidungsschichten liegende Luftschicht einen zusätzlichen Kältepuffer bildet.
Die äußere Schicht (zum Beispiel der Anorak) sollte sich leicht öffnen lassen, damit die Kinder möglichst selbständig auf unterschiedliche subjektive Temperaturempfindungen reagieren können. Die Unterwäsche sollte atmungsaktiv sein. Eine lange Unterhose und ein langärmliges Unterhemd gehören zur Winterausrüstung.

Kleidung bei Regen und feuchter Witterung

Zur Grundausstattung sollte für jedes Kind eine »Buddelhose« gehören, die Schutz vor Nässe und Schmutz bietet.

Die Buddelhose sollte groß genug sein, damit auch dicke Winterkleidung darunter Platz hat. Beim Kauf darauf achten, dass das Material auch bei Minustemperaturen nicht steif und spröde wird. Am besten gleich beim Kauf nach geeignetem Flickmaterial fragen.

An nassen Wintertagen tragen die Kinder meist gefütterte Gummistiefel. An wärmeren Tagen ungefütterte Stiefel (hier sind saugfähige Strümpfe besonders wichtig).

Die Regenjacke kann man über oder unter der Buddelhose tragen. Wichtig ist auch hier der Platz für das Darunter und für ausgreifende Bewegung. Unter den Buddelhandschuhen tragen die Kinder im Winter Handschuhe, bewährt haben sich Wollhandschuhe, da sie die Feuchtigkeit gut aufnehmen. Idealen Kopfschutz bei Regenwetter bietet ein »Südwester«, der sich durch einen breiten Rand auszeichnet.

Bei geplanten Waldprojekten rechtzeitig Gummistiefel und Regenkleidung »sammeln« – vor allem abgehende Kinder und Eltern ansprechen. Ein Fundus im Regelkindergarten erleichtert die Planung und Durchführung und entlastet Eltern finanziell.

Zur Not sollte man immer ein paar Müllsäcke bereithalten, die bei Bedarf zumindest etwas Regenschutz bieten.

Rucksäcke kann man durch das Einlegen von Plastiktüten wasserdicht machen und nasse Schuhe durch Einlegen von Plastiktüten isolieren, dann können sie nach einem Strumpfwechsel noch eine Weile getragen werden.

Ungeeignet sind Wetter-Capes (stören beim Bücken und Niederknien den Spielablauf, nehmen manchmal die Sicht) und Buddel-Overalls (hinderlich beim Toilettengang, der Oberkörper wird der Witterung ausgesetzt, zudem sind sie weniger variabel).

Generell sollte man bedenken, dass die Temperaturen im Wald in der Regel niedriger sind als im Umland. Kommt zu niedrigen Temperaturen noch Wind dazu, ist die auskühlende Wirkung sehr stark[9]. Die Kinder sollten dann wärmer eingekleidet werden.

Achten Sie beim Kauf auf doppelt abgedeckte Reißverschlüsse. Taschen und Quernähte, die zum Reißverschluss führen, sind potenzielle Schlupflöcher für Nässe!

Wasserdichte, atmungsaktive Materialien:
»Nicht nur die wasserdichte Membran einer Jacke entscheidet über ihre Funktion: zum Beispiel die Imprägnierung des Oberstoffes. Sie sorgt dafür, dass das Wasser vom Oberstoff abperlt. Saugt dieser sich voll, geht der Wasserdampfdurchgang der Jacke um bis zu 80 Prozent zurück. Außerdem kriecht bei einem vollgesaugten Oberstoff gern Feuchtigkeit über die Ärmel, an der Kapuze und am Bund nach innen. Da hilft nur noch imprägnieren: Jacke nach dem Waschen möglichst heiß trocknen (bügeln, Trockner). So kann in vielen Fällen der Oberstoff wieder imprägniert werden.«
(Nachzulesen in: outdoor, Heft 10/2000, S. 108)

Wollmützen verträgt nicht jedes Kind; bewährt haben sich baumwollgefütterte Wollmützen.

---

[9] Bei einer Lufttemperatur von z. B. 0° C und einer Windgeschwindigkeit von 40 km/h wirkt der Wind auf den Organismus wie -18°C.

III. Erfahrungen aus der Praxis

1. Integrierte Waldkindergärten und Projektwochen

Die Kinder werden meistens von den Eltern zu den üblichen Zeiten in den Regelkindergarten gebracht. Dort bereitet sich die Waldgruppe gemeinsam auf ihren Tag im Wald vor. Die Verweildauer ist unterschiedlich, sie liegt bei zwei bis fünf Stunden.

Ist das Waldstück zu Fuß vom Kindergarten aus nicht erreichbar, werden die Kinder von den Eltern direkt zu einem vorher vereinbarten Treffpunkt in Waldnähe gebracht und dort auch wieder abgeholt. Da die übliche Öffnungszeit von 8 Uhr dabei häufig (vor allem im Herbst und Winter) nicht mit dem Beginn des Waldtages zusammenfällt, können sich Schwierigkeiten für berufstätige Eltern ergeben, die auf eine längere Betreuungszeit angewiesen sind. Frühe Absprachen der Eltern untereinander und die Bildung von Fahrgemeinschaften, die ohnehin immer angestrebt werden sollten, können hier helfen. In jedem Falle sind die notwendigen aufsichtsrechtlichen Bestimmungen zu beachten (Einverständniserklärung der Eltern schriftlich und frühzeitig einholen). Insbesondere für Waldprojektwochen lassen sich Eltern fürs Mitmachen und Mitgestalten gewinnen (vgl. Abschnitt Elternarbeit).

Der Tagesablauf unterscheidet sich kaum von dem der klassisschen Waldkindergärten, was auch darauf zurückzuführen ist, dass sich viele Erzieherinnen aus Regelkindergärten durch eine mehrtägige Hospitation in einem Waldkindergarten auf ihr Projekt vorbereiten.

2. Erfahrungsbericht aus dem integrierten Waldkindergarten Altensteig (Spielberg)[1]

Der Spielberger Regelkindergarten hatte zunächst zwei Gruppen. Durch die gesetzliche Neuregelung des Rechtsanspruches auf einen Kindergartenplatz für Kinder ab drei Jahren wurde es notwendig, zusätzlich eine Kleingruppe einzurichten.

Uns Erzieherinnen war schon seit geraumer Zeit die motorische Ungeschicklichkeit vieler Kinder aufgefallen. Außerdem zeigten die Kinder vermehrt ein aggressives Verhalten, vor allem an Tagen, an denen die Gruppe wegen schlechten Wetters nicht hinausging. Unser erster Schritt bestand deshalb darin, eine »Bewegungsbaustelle« einzurichten, die von den Kindern mit Begeisterung angenommen wurde.

Wir hatten von der Entstehung einiger Waldkindergärten gehört und machten einen Hospitationsbesuch im nahegelegenen Waldkindergarten Bad Liebenzell. Das Team beschloss, die Gelegenheit beim Schopfe zu fassen und die Bildung der Kleingruppe mit der Bildung einer Waldgruppe zu verbinden. Nachdem wir uns selbst informiert hatten, konnte der Elternbeirat für die Idee gewonnen werden. Dann folgte ein Elternabend, zu dem wir einen Arzt eingeladen hatten. Nach einem Film über einen Waldkindergarten konnten wir in die Diskussion einsteigen. Die Meinungen reichten von großer Begeisterung bis zu völliger Ablehnung.

Die Eltern mussten sich nach einer Bedenkzeit entscheiden, ob ihre Kinder an der Waldgruppe teilnehmen sollten oder nicht. So entstand eine Waldgruppe mit 15 Kindern, von denen zehn immer in der Gruppe sind. Fünf Kinder gehen jeweils eine Woche in den Wald und dann zwei Wochen in den Kindergarten. Die frei gewordenen Plätze füllen dann interessierte Kinder aus den Regelgruppen. Wir Erzieherinnen gehen abwechselnd jeweils für eine Woche in den Wald, so dass jede alle drei Wochen ihre »Waldwoche« hat.

Wir laufen ungefähr vier Minuten bis zum Bauwagen; hier deponieren wir die Rucksäcke. Wir benutzen hauptsächlich einen Platz.

[1] in Baden-Württemberg

Die Kinder spielen sehr fantasievoll und genießen die Freiheiten. Ausweichraum ist die Turnhalle einer Grundschule. Um 12 Uhr werden die Kinder am Waldrand wieder abgeholt und gehen dann ab 13.30 Uhr in die Regelgruppen.

Nach drei Monaten machten wir einen Elternabend, zu dem auch Vertreter des Trägers eingeladen waren.

Hier die Meinungen der Eltern über die Wirkung des Aufenthalts im Wald:

- Die Kinder haben weniger Erkältungskrankheiten.
- Sie zeigen beim Mittagessen einen größeren Appetit.
- Sie wechseln das Spielzeug zu Hause nicht so oft.
- Sie gehen auch an den Wochenenden häufiger raus.
- Sie sind abends sehr müde.
- Sie finden es toll, dass man im Waldkindergarten nicht aufräumen muss.
- Sie erzählen zu Hause mehr.
- Sie finden es im Wald nie langweilig.

Auch wir Erzieherinnen sind nach dem Aufenthalt im Wald müde und »glühen« bei kalter Witterung lange nach. Wir haben durch die Waldwochen Gelegenheit, die Kinder von einer ganz anderen Seite kennenzulernen. Die uns begleitende Försterin (auf Teilzeitbasis) konnte uns wichtige Informationen geben.

3. Ein Tag im Waldkindergarten, seine Lieder und Rituale

Ankunft

Die Ankunft ist für die Kinder im klassischen Waldkindergarten etwas Gewohntes, Vertrautes, für andere Kinder zu Beginn von Projektwochen erfahrungsgemäß mit verstärkten Ablöseproblemen von den Eltern verbunden. Hier ist es wichtig, die Eltern schon in der Vorbereitungsphase einzubeziehen, um eine Übertragung von vielleicht vorhandenen Ressentiments und Ängsten auf die Kinder zu vermeiden. Die Sicherheit und Umsicht der gut vorbereiteten Erzieherinnen werden sich auf das Kind übertragen. Außerdem spricht nichts dagegen, die Eltern am Waldtag teilweise oder auch ganz teilhaben zulassen. Rituale schaffen Sicherheit und Vertrautheit. Deshalb ist gerade zu Beginn eines beispielsweise dreiwöchigen Waldprojektes darauf zu achten, dass rasche Wechsel, bezogen auf Inhalte und Rituale, vermieden werden.

Die Zeit der Ankunft kann wie im Regelkindergarten für Absprachen und Informationsaustausch zwischen Erzieherinnen und Eltern genutzt werden. Von der »Waldkindergarten-Hotline« können sich die Eltern zudem die neuesten Informationen holen bzw. ihre Informationen dort hinterlassen.

Gemeinsamer Morgenkreis

Üblicherweise stehen die Kinder etwas abseits vom Übergabeort (um durch später kommende Kinder nicht zu sehr abgelenkt zu werden) im Kreis. Der Bollerwagen wurde aus dem Unterstand geholt und startklar gemacht.

Begonnen wird meist mit einem Begrüßungslied: Wer ist hier? Wer fehlt, und wer weiß, warum? Gäste stellen sich vor, erzählen vielleicht etwas Persönliches (kurz!), zum Beispiel: »Warum bin ich so gerne im Wald?«, oder bringen einen Spruch in den Morgenkreis ein (vorher mit den Erzieherinnen absprechen). Die meisten Kinder und Erwachsenen haben eine mehr oder weniger lange Autofahrt hinter sich. Um im Wald auch seelisch anzukommen, bietet sich eine Stilleübung an. Wir schließen die Augen und den Mund (vielleicht für die ganz Kleinen symbolisch mit einem imaginären Schlüssel, der dann in die Jackentasche gesteckt wird) und horchen. Die Hände wie Schüsselchen hinter die Ohren legen.

Tipp

Nicht vergessen: Aktuellen Tages-Waldplatz am Info-Brett hinterlassen!

Das folgende Lied »Stilleübung« kann auch gut versweise gesungen werden, passend zu den Rahmenbedingungen!

Wir horchen

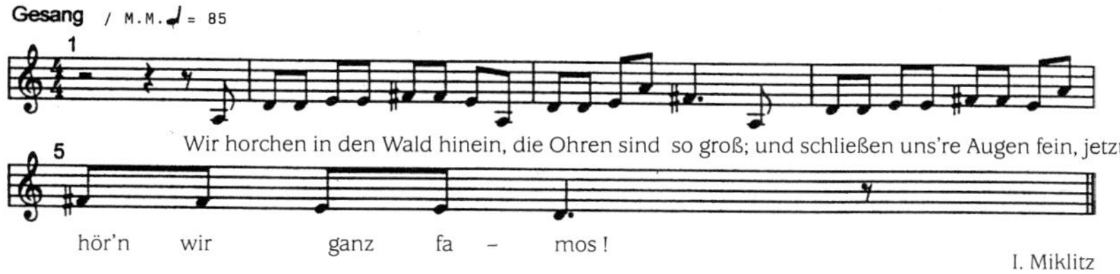

I. Miklitz

Dann können wir darüber sprechen, was wir gehört haben – im Frühling sicher den lauten, klaren Buchfink mit seinem Ruf »Wie wär's, wie wär's mit dir und mir?« Die Erzieherin wird durch ihr Wissen geeignete Zugänge schaffen.

Stilleübung

Still, still, still,
weil's jeder hören will:
Das Tropfen des Regens, das klingt so fein,
da wollen wir alle ganz leise sein.

Still, still, still,
weil's jeder hören will:
Das Zwitschern der Vögel, das klingt so fein,
da wollen wir alle ganz leise sein.

Still, still, still,
weil's jeder hören will:
Das Plätschern des Bächleins, das klingt so fein,
da wollen wir alle ganz leise sein.

Still, still, still,
weil's jeder hören will:
Das Klopfen des Spechtes, das klingt so fein,
da wollen wir alle ganz leise sein.

Still, still, still,
weil's jeder hören will:
Das Rufen des Buchfinks, das klingt so fein,
da wollen wir alle ganz leise sein.

Still, still, still,
weil's jeder hören will:
Das Rauschen der Bäume, das klingt so fein,
da wollen wir alle ganz leise sein.

Still, still, still,
weil's jeder hören will:
Das Rascheln der Blätter, das klingt so fein,
da wollen wir alle ganz leise sein.

Ziel sollte es sein, uns so einzustimmen, dass wir mit dem Gefühl in den Wald eintreten, hier Gast zu sein.

I. Miklitz

Morgenkreis

2. Unser Haus hat viele Räume, unser Haus ist wunderschön!
   Wände sind die guten Bäume, die im Kreise um uns steh'n.

3. Heute sind wir Gast im Wald, wo wir viel entdecken.
   Unter deinem grünen Dach spielen wir Verstecken.

Ist es kalt, so sollte man ein Lied auswählen, bei dem sich alle bewegen können[2].

I. Miklitz

Warmmach-Tanz

I. Miklitz

Stapf, stapf ...

I. Miklitz

[2] Jede Waldkindergärtnerin sollte über ein abwechslungsreiches Repertoire an Bewegungsspielen verfügen

Auf dem Weg zu den Waldplätzen

Der Bollerwagen ist bei den Kindern sehr beliebt und zumindest zu Beginn von Waldprojekten werden oft Auseinandersetzungen darüber geführt, wer den Wagen ziehen darf. Auf dem Weg singen die Kinder gerne das »Lied vom Bollerwagen«:

Bollerwagen

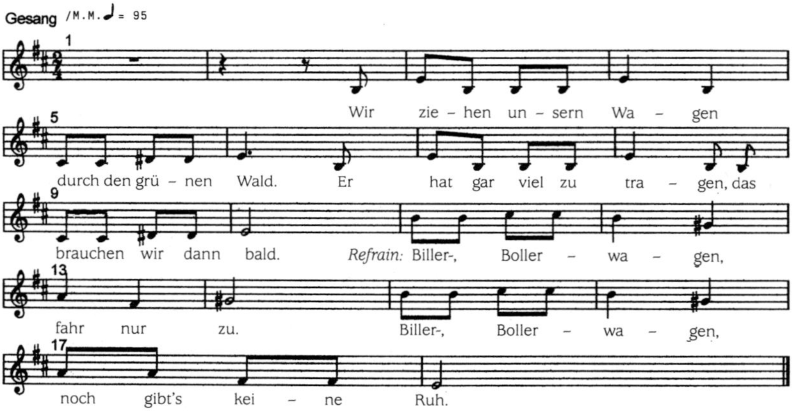

I. Miklitz

An vorher vereinbarten Wegmarken wie Kreuzungen oder markanten Bäumen warten die Kinder, bis die Gruppe wieder beieinander ist. Ist die Gruppe an ihrem Waldplatz angekommen, hängen die Kinder zunächst am Garderobenbaum (Baum mit viel totem, kurzem Astholz im niedrigen Bereich) ihre Rucksäcke auf, ebenso die entbehrlichen Kleidungsstücke. Bei starkem Regen und unzureichendem Nässeschutz durch den Garderobenbaum werden die Rucksäcke eingesammelt und mit einer Plane abgedeckt (möglichst auf einer Bodenerhebung).

Freies Spiel

Die Erzieherinnen verweisen neue oder noch unsichere Kinder auf die Grenzen des heutigen Waldplatzes.

Bei Waldprojekten und einzelnen Waldtagen ist es hilfreich, die äußeren Begrenzungen des Platzes durch forstwirtschaftliches Markierungsband zu kennzeichnen (Forstkatalog).

Aufgaben der Erzieherin
Es muss (spätestens zu Beginn der Freispielphase) geklärt werden,
- wer die Beaufsichtigung der Werkgruppe übernimmt,
- wer die Freispielführung hat,
- wer die Kinder zum Toilettenplatz begleitet[3],
- wer den Waschplatz aufbaut und den Toilettenplatz herrichtet,
- welche Bücher etc. für die Kinder ausgelegt werden sollen,
- wer die Aktivitäten in der Gruppe (Klein- oder Gesamtgruppe) leitet,
- wer den Picknickplatz herrichtet.

Die Erzieherin muss wie im Regelkindergarten ihrer Aufsichtspflicht nachkommen. Im Wald wird sie, um die Kinder beim Freispiel begleiten zu können, selbst oder mit den Kindern gemeinsam den Geheimnissen des Waldes nachspüren (und bei Fragen in Büchern blättern).

Lupen werden eher benutzt, wenn sie zentral und gut sichtbar platziert an einem Baum hängen.

Falls während des freien Spiels auch das »Arbeiten am Werkplatz« angeboten werden soll, ist dieser Platz herzurichten.

Die Schnitzgruppe:
Mittelpunkt des Werkplatzes ist der Werkzeugkoffer. Mitgebrachte Bretter ermöglichen das Arbeiten auf einer stabilen Unterlage. Die Werkzeuge sollten voll funktionsfähig sein (das heißt auch: scharfe Sägen und gute Messer).
Wichtig ist die richtige Anleitung von »Werkanfängern«, die vor allem darauf hingewiesen werden müssen, vom Körper weg zu schnitzen und zum Sägen immer eine feste Unterlage herzurichten.

[3] Vorlieben der Kinder berücksichtigen

Tipp: Möglich ist ein »Handwerkerschein«, den Kinder ablegen können. Sie erhalten ihn, wenn sie unter Berücksichtigung der Sicherheitsaspekte mit dem Werkzeug umgehen können.

Die im Kreis sitzenden Kinder sollten weit genug auseinander sitzen, um Gefährdungen der Nachbarn beim Arbeiten auszuschließen. Insgesamt sollte eine Atmosphäre unterstützt werden, in der sich soziales, empathisches, selbstbestimmtes Verhalten und Handeln realisieren kann. Dabei stehen Kinder und Erwachsene untereinander und mit der Natur im Dialog:

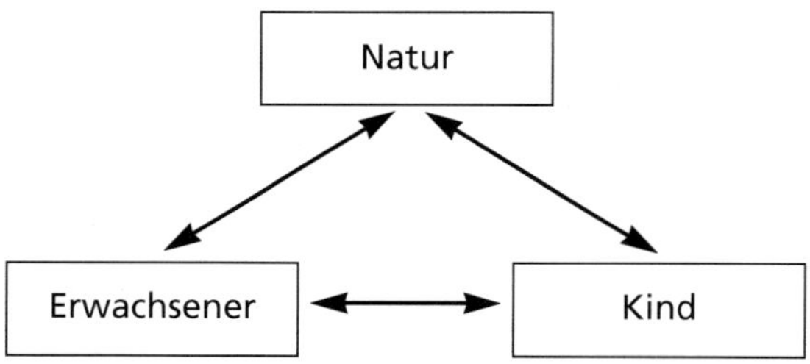

Vorbereitung zum zweiten Frühstück/zur Vesper

Das Ende der Freispielzeit sollte mindestens fünf Minuten vorher angekündigt werden. Ein akustisches Signal ruft alle zum Händewaschen.

Lied vor der Vesper

I. Miklitz

[4] bzw. essen

Picknick

Der Frühstücks-, Picknick- oder Vesperplatz ist der Witterung entsprechend auszuwählen (bei kaltem Wind zur windabgewandten Seite hin, bei Regen möglichst unter dicht belaubten Bäumen). Bei starkem Regen kann eine Plane über den Platz gespannt werden. Dazu wird die im Bollerwagen mitgeführte Plane mit Seilen so zwischen vier Baumstämme gespannt, dass sie zur Wetterseite hin schwach abfällt.

Im Regelkindergarten geben die Räume die Struktur vor, so der Tisch den Platz für die Utensilien der Mahlzeit. Im Wald sollte (falls kein fester Vesperplatz mit feststehendem Mittelpunkt besteht) diese Struktur von der Erzieherin gesetzt werden, das bedeutet in diesem Fall die Schaffung eines Mittelpunkts. Um diesen Mittelpunkt werden sich dann alle in entsprechendem Abstand (so dass alle in Kreisform bequem auf ihrer Sitzmatte sitzen können) gruppieren.

Der Fantasie sind bei der Gestaltung dieses »Vespermittelpunkts« keine Grenzen gesetzt – eine schöne Aufgabe für interessierte Kinder, die hier Fundstücke aus der Natur zum ästhetischen Mittelpunkt der Runde werden lassen. Auch im Naturraum ist Tischkultur vermittelbar.

Bei den jüngeren Kindern ist am Anfang darauf zu achten, dass sie wirklich auf ihren Matten sitzen und nicht daneben (vor allem bei Minusgraden). Wenn es friert oder ein kalter Wind geht, ist die Zeit der Mahlzeit (und damit die Zeit des Stillsitzens) möglichst kurz zuhalten, um zu vermeiden, daß die Kinder frieren und auskühlen.

Tischritual

Im Waldkindergarten Bad Liebenzell macht vor Beginn des Essens das »Öltöpfchen« seine Runde, eine Anregung aus meiner Arbeit in einem Waldorfkindergarten.

Die Erzieherin füllt etwas Duftöl in die zur Schale geformte Handfläche, ihr »goldenes Schüsselchen«, und sagt folgenden Spruch:

Schüsselchen

Die im Kreis sitzenden Kinder halten ihre beiden Hände zusammen bereit, um das Öltöpfchen zu empfangen. Die Erzieherin geht von Kind zu Kind und gibt jedem aus ihrem Schüsselchen ein Tröpfchen in die Hände. Sie berührt dabei sanft die Handinnenfläche des Kindes, hält möglichst Blickkontakt und sagt dazu einen Spruch, der sich auf die Jahreszeit beziehen, aber auch einen anderen Inhalt haben kann:

> Da hast'nen Taler, geh auf den Markt,
> kauf' dir eine Kuh, ein Kälbchen dazu.
> Das Kälbchen hat ein Schwänzchen –
> *kille-kille-kille-Gänschen*
>
> Volksgut

> Leise, leise geht's Tröpfchen auf die Reise.
> Kommt zu jedem Kind
> *ins Schüsselchen geschwind.*
>
> Ingrid Miklitz

> Fli-Fla-Flatterding -
> wunderschöner Schmetterling.
> Hier ein Tröpfchen, dort ein Tröpfchen,
> Rüssel kitzelt's Blütenköpfchen.
>
> Ingrid Miklitz

Anschließend kann die Gruppe mit begleitenden Bewegungen folgenden Spruch sprechen:

Zisch, zisch, zisch, der Tischler hobelt den Tisch.
Der Tischler hobelt den Tisch so blank,
dass daran kein Span mehr hang'.
Zisch, zisch, zisch, der Tischler hobelt den Tisch.

(Hier auf die richtige Hobelbewegung achten: Handinnenflächen waagerecht aneinanderreiben.) Danach beginnt das allgemeine genießerische Riechen.

Tischspruch

Wenn kein Gebet gesprochen wird, so kann man einen allgemeinen Dank aussprechen.

Erde, die uns dies gebracht, Sonne,
die es reif gemacht –
liebe Sonne, liebe Erde, euer nie vergessen werde.

Christian Morgenstern

Der Bauer reißt die Erde auf
und legt das Samenkorn hinein.
Die Sonne reift's im Jahreslauf –
Wir wollen dafür dankbar sein.

Albrecht Redlich

Tipp

Darauf achten, dass die Kinder keine süßen Fruchtsäfte mitbringen, weil dadurch Wespen angelockt werden.
Im Winter bei Frost draußen kein Obst essen; warmen Tee mitbringen (Thermosflaschen).

Zweite Freispielphase

Bei kaltem Wetter empfiehlt es sich, mit den Kindern direkt nach dem Essen ein bis zwei Spiele zum Aufwärmen zu machen (vgl. Morgenkreis).

Gemeinsames Tun – Aktivitäten in Kleingruppen

Zu Beginn von Waldprojekten oder an einzelnen Waldtagen empfiehlt es sich, in Kleingruppen etwas gemeinsam zu erleben. Die Erzieher können so am ehesten auf die speziellen Bedürfnisse der Kinder eingehen. Fehlt am Waldplatz eine größere ebene Fläche, so bieten sich auch aus diesem Grund Kleingruppen-Aktivitäten an. Der große Spielraum im Naturraum Wald ermöglicht ein ungestörtes Arbeiten in den einzelnen Gruppen.

Rückweg und Schlusskreis

Für den Rückweg ist – ebenso wie für den Hinweg – genügend Zeit einzuplanen.

Ein Uhr

Was tun mit den Kleinen?

Gemeint sind die dreijährigen Waldkindergarten-Kinder. Schön ist es, wenn das neue Kind von den Eltern begleitet wird. Auf wie viel mehr Verständnis werden die Erzählungen des Kindes aus dem

Waldkindergarten bei den Eltern stoßen, wenn sie den Waldplatz kennen und bildhaftes Miterleben möglich ist.

Die Dreijährigen sind in der Regel stärker auf die Erzieherin fixiert als die älteren Kinder; man sollte sich also in der ersten Zeit nicht zu viele gezielte Aktivitäten vornehmen, sondern den Tag so gestalten, dass viel flexible Zeit bleibt, in denen man sich intensiv um die neuen »Waldgäste« kümmern kann.

Auch Matschen will gelernt sein; nicht immer ist die Lust daran schon vorhanden. Das elterliche Mahnwort »Dreck' nicht so herum, mach dich nicht so schmutzig!« schleicht sich hier durch die Hintertür in den Waldkindergarten-Alltag ein. Diese Beobachtung habe ich ebenfalls bei Kindern gemacht, die an Waldtagen teilnahmen. Auch diese zum Teil schon sehr viel älteren Kinder waren im Gegensatz zu denen im klassischen Waldkindergarten auf die Erzieherinnnen fixiert und stellten den Kontakt zur Natur häufig zunächst über Lupen, Beobachtungsdosen und Arbeitshandschuhe her.

Bei kalter Witterung ist darauf zu achten, dass die kleinen Kinder sich ausreichend bewegen[5] und ihre Handschuhe nicht ausziehen (ebenso die Mütze). Der Wärmeverlust ist bei kleinen Kindern größer als bei uns Erwachsenen. Möglich sind auch »Patenschaften«: Ein oder zwei Kinder kümmern sich in besonderer Weise um ein neues Kind. Aktivitäten in kleinen, überschaubaren Gruppen kommen den Bedürfnissen der Dreijährigen nach Überschaubarkeit und individueller Zuwendung entgegen.
Der Rückweg von den Waldplätzen zum Abholplatz ist für die Dreijährigen häufig anstrengend, da sie müde sind.

Tipp

Behelfen kann man sich in der Zeit des Eingewöhnens mit einem zweiten Leiterwagen, in dem die Kleinen dann zum Abholplatz gefahren werden können. Bei kalter Witterung an eine Decke denken!

[5] Bewegungsspiele können erwärmen und ermüden. Deshalb ist es besser, bei kalter Witterung mit dreijährigen Kindern gemütlich zu wandern und die Vesper im beheizten Bauwagen einzunehmen.

Tipp

Bewusst Übergangsobjekte[6] zulassen; sie geben den »Kleinen« ein Stück Vertrautheit mit in eine ihnen unvertraute Umgebung.

[6] Du Bois stellt heraus, dass die Auswahl von Begleitern (also Objekten) auf dem Weg zwischen zwei (Lebens)Orten eben gerade eine Kompetenz des Kindes darstellt, sich Sicherheiten zu schaffen. Übergangsobjekte sind z. B. Kuscheltiere, Schnubbeltücher usw.

IV. Beobachtungshilfen

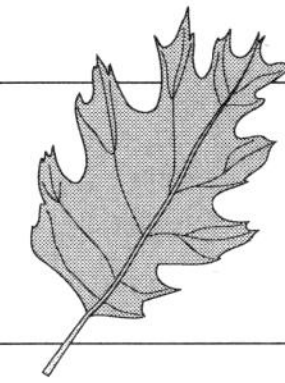

Freispielbeobachtung im Naturraum

Gezielte Beobachtungen einzelner Kinder bilden natürlich auch im Waldkindergarten eine wichtige Grundlage für Entwicklungsgespräche im Team und mit den Eltern.

Beobachtungskriterien

Bei allen standardisierten Beobachtungen sind folgende Beobachtungskriterien zu beachten:

- Der Beobachter hält sich an die gewählten Kategorien (Einteilungsgesichtspunkte). Das sichert die Objektivität und Vergleichbarkeit der Beobachtungsergebnisse.
- Die Protokollierung muss wertfrei und
- in der Formulierung eindeutig sein.
- Subjektive interpretative Deutungen gehören in die dafür vorgesehene Spalte bzw. können im Anschluss auf einem getrennten Blatt vermerkt werden.

Der folgende Beobachtungsbogen gibt Auskunft über

- zeitliches Verweilen bei einem Gegenstand/einem Spielthema,
- den Einfluss und die Einflussqualität von Raumelementen und raumübergreifenden Elementen auf das Spiel des Kindes im Naturraum,
- Kommunikationsstrukturen.

Der Beobachtungsbogen dient vorwiegend der Beobachtung eines einzelnen Kindes im freien Spiel.
Mögliche Beobachtungsdauer: Eine Woche lang täglich 30 Minuten im Freispiel.

Standardisierter Beobachtungsbogen zur Einzelkindbeobachtung

Protokollant: ____________________ Waldplatz: ______________

Datum: ____________ Wetter: ______________

Zeitpunkt: __________ Kurze Situationsbeschreibung:

Name des Kindes/Alter: ____________ ______________________

Gruppenstärke: .....(w) .....(m) ______________________

Anzahl der Betreuer: ______ ______________________

Zeit	Sozialform[1]	Spielthema	Bespielte Raumelemente[2]/ Fremdelemente	Raumübergreifende Elemente/ Einflussfaktoren[3]	Handlung	Kommentar
10.11	Δ	Pilot	Wurzelstock (SI)	aufkommender Wind (SPI)	Thomas erklettert den Wurzelstock und	....

1: Δ = Alleinspiel
❑ = Partnerspiel
(blau – Junge;
rot – Mädchen)
❍ = Gruppenspiel

2: SI = stille Interpretation
OI = offene Interpretation
Fremdelemente,
z.B. die mitgebrachte Puppe;
die Lupe

3: SPI = spontaner Impuls
STI = stiller Impuls

Beispiel einer Verhaltensbeobachtung der 1. Stufe[1]:

Spielgruppe: Julian, Maria, Torsten, Lars, Udo
Ankunft der Gesamtgruppe am Sonnenplatz, Garderobenbaum

Julian: »Wer spielt mit Brückenbau?« Drei Jungen und ein Mädchen folgen ihm an eine 15 Meter vom Vesperplatz entfernt liegende Stelle des Wassergrabens. Er ist ausgetrocknet, hat nur noch Restfeuchte auf dem Boden. Udo und Lars schleppen ein dickeres Stammholz, das vier Meter entfernt liegt, zum Graben. »Wir brauchen Hilfe.« Maria geht hinüber und hilft beim Herüberziehen des Stammes. Julian und Torsten haben inzwischen Lehmbrocken aus dem Grabenboden gelöst (mit Stöcken). Die vier Jungen legen den Stamm über den Graben. Zwei (Julian und Torsten) verstreichen an jeder Seite die Stammenden am Grabenrand mit Lehm. Die anderen sorgen für den Lehmnachschub. Julian spielt dabei Lastwagen und brummt: »Ich bin der Lehmbringer«.

»Die muss noch breiter sein.« Maria und Lars suchen im Umfeld nach einem zweiten Stammholz. Sie schleppen gemeinsam ein dünneres Stammholz zum Graben. »Das ist aber zu lang.« »Ich habe eine Säge«. Udo hat seine Säge (ein Aststück mit zwei Haltegriffen – abgebrochene Gabelungen) in der Hand. Er sägt. Dann legen alle Kinder den zweiten Stamm etwas quer versetzt (er ist immer noch länger als der erste Stamm) über den Graben. Die Zwischenräume werden kommentarlos mit Fichtenzweigen und anderem Totholzmaterial, das am oberen Grabenrand liegt, verstopft.

»Wir machen ein Lehmlager.« Maria, Lars und Torsten tragen vom Grabengrund gelöste Lehmbrocken an den oberen Grabenrand und stapeln sie dort. Julian unterstützt sie mit seinem »Lastwagen«. Der zweite Stamm wird an den Übergängen zum Grabenrand verstrichen. »Wir brauchen ganz viel Holz.« Maria und Lars legen neben dem restlichen Lehm ein Holzlager an.

Ein Mädchen von einer anderen Kleingruppe, das in der Nähe spielt, fragt: »Habt ihr Kuchen?« »Nein.« »Kann ich ein Lehmstück haben?« Sie geht mit einem Brocken Lehm zurück in ihre Gruppe. »Hör' mal, die Taube.« Im Hintergrund hört man eine Türkentaube.

[1] Nach Schmalohr, E.: Anleitung zur Kindesbeobachtung. Unveröffentlichter Entwurf

Zwei Jungen der benachbarten Kleingruppe kommen. »Wir brauchen Lehm zum Tiere-machen.« Sie bekommen vom Lager einen Lehmbrocken. Die Brücke wird nun viel benutzt – auch von anderen Kindern.

Julian: »Ich gehe zur Schnitzgruppe.« »Ich auch.« Maria schließt sich an, kurze Zeit später folgen Udo und Lars. Die Spielgruppe »Brückenbau« löst sich auf. Torsten holt sich aus dem Werkkoffer ein Stück Schnur, befestigt diese an einem Stock und setzt sich auf die Brücke. »Ich habe Augen wie ein Adler« (er sagt es zu mir gewandt). Er »angelt« noch vier Minuten und verlässt dann den Graben in Richtung Vesperplatz.

V. Spiel- und Sozialformen

Das Rollenspiel

Man unterscheidet zwei Arten von Rollenspielen: das gelenkte Rollenspiel und das spontane Rollenspiel.

Das gelenkte Rollenspiel

Hier wirkt der Erwachsene ein, um durch das Rollenspiel ein bestimmtes Ziel zu erreichen.
Beispiel
Die Kinder sehen im Wald den ersten Zitronenfalter. »Wo kommt der her? Macht er auch Winterschlaf?« fragt ein Kind.
Hier könnte die Erzieherin durch ein gelenktes Rollenspiel Entwicklungsvorgänge verständlich und erlebbar machen. Die Stadien der Entwicklung werden spielerisch dargestellt: Ei – Raupe – Puppe – Schmetterling. Wenn dann parallel zur Entwicklung einige Kinder in die Rolle der Jahreszeiten schlüpfen, werden Zusammenhänge begreifbar, die allein durch Wort und Bild schwer nachzuvollziehen sind. Vor allem auf der empathischen Ebene verbindet sich das Kind intensiver mit dem Schmetterling.

Zum gelenkten Rollenspiel gehört das problemorientierte Rollenspiel (auch Konfliktlösungsspiel genannt). Es eignet sich für Kinder ab etwa fünf Jahren. Ausgangspunkt ist eine im Waldkindergarten unmittelbar erlebte Situation:
Beispiel
Wie verhält sich ein Kind, nachdem es einem anderen Kind im Streit Sand in die Augen geworfen hat?

Die Geschichte wird von der Erzieherin erzählt (ohne Namensnennung und Wertung):
»Thomas und Kathrin spielen an einem Sandhaufen. Sie wollen einen Tunnel bauen. Als Thomas einen zweiten Tunnel bauen will, ist Kathrin damit nicht einverstanden. Es bleibt ihrer Meinung nach zu wenig Platz für den geplanten Teich. Thomas wird wütend und be-

wirft Kathrin mit Sand. Sie bekommt Sand in die Augen und beginnt zu weinen. Was glaubt ihr wohl, was Thomas jetzt tun wird?«

Die Kinder bringen ihre Vorschläge ein. Die Erzieherin schlägt vor, die Geschichte zu spielen. Die Zuschauer sollen am Ende des Spiels überlegen, welche Lösung sie gut fanden.

Aufbau

- Die Erzieherin nimmt das Problem wahr und informiert die Gruppe.
- Gruppendiskussion.
- Rollenverteilung und Einführung der Beobachter in ihre Aufgabe.
- Markierung der Bühne; kurzer Szenenaufbau.
- Spiel.
- Frage an die Spieler: »Wie war das für euch?«
- Fragen an die Beobachter – Diskussion.
- Eventuell Erarbeitung weiterer Handlungsalternativen und Fortsetzung des Spiels.

Vorteil

- Sensibilisierung für die Gefühle anderer,
- Sensibilisierung für die eigenen Gefühle,
- Verbalisierung von Gefühlen,
- Spannungsabbau,
- Rückmeldung zu eigenen Verhaltensweisen durch Einzelne/die Gruppe,
- Erprobung neuer sozialer Verhaltensweisen unter geschützten Bedingungen,
- Distanzierung vom eigenen Rollenverhalten.

Das spontane Rollenspiel

Im Waldkindergarten nimmt das spontane Rollenspiel während des Freispielens einen breiten Raum ein. Häufige Themen sind:
Vater – Mutter – Kind, Einkaufen/Verkaufen, Arztbesuch und Krankenhaus, Entdeckungsreise (mit Schiff, Auto, Flugzeug), Bauen (Hütten, Brücken u.a.).

Meine Beobachtungen im Hinblick auf geschlechtsspezifisches bzw. neutrales Rollenverhalten bei Jungen und Mädchen:

Jungen sind zuständig für das Grobe: Sie »arbeiten« als Lastwagenfahrer, Bauarbeiter, sägen, schleppen, graben (Goldgräber), das heißt, ihre Bewegungen sind mit körperlichen Anstrengungen verbunden. Sie sind anscheinend insgesamt risikofreudiger, ob es um das Erklimmen von Bäumen oder den Sprung von der Baumwurzel geht.

Mädchen findet man häufig in der Rolle der Verkäuferin, Mutter, Autofahrerin und Köchin. Die autonom strukturierte Umgebung hebt geschlechtsspezifische Verhaltensmuster anscheinend nicht auf.

Was die motorische Geschicklichkeit wie Balancieren, Springen usw. angeht, zeigen Mädchen und Jungen ein vergleichbares Maß an Können.

Die relative Zweckfreiheit der im Naturraum von den Kindern verwendeten Gegenstände erfordert als Grundlage für ein Zusammenspiel immer wieder stille und offene Interpretationen und damit Kommunikation und Konsensfindung zwischen den am Rollenspiel beteiligten Kindern.

Bedeutungsklärung durch »stille Interpretation»:
Ein Kind kauft im »Kaufladen« ein und bezahlt mit seinem »Geld«, zum Beispiel mit Birkenblättern. Dieser Vorgang kann vom Verkäufer akzeptiert werden oder nicht. Die Interpretation erschließt sich dem aufmerksamen Beobachter durch das Verhalten des Kindes.

Bedeutungserklärung durch »offene Interpretation»:
»Ich habe eine Säge gefunden!« Ein Kind hält den Mitspielern ein Aststück mit zwei Haltegriffen (abgebrochene Gabelungen) hin. Das Kind teilt seine Interpretation der Gruppe verbal mit.

Weitere Einflussfaktoren im Rollenspiel im Naturraum sind *autonom eingreifende Impulse*, wie der *spontane Impuls*[1] eines aufzie-

[1] Spontane Impulsgeber: relativ unkalkulierbar in Bezug auf Bewegung und Zeitpunkt des Erscheinens; auch Naturerscheinungen wie plötzlich einsetzender Wind

henden Graupelschauers; er beeinflusst und verändert das Rollenspiel, indem aus dem Schiff zum Beispiel ein Eisbrecher wird. So kann auch ein vorbei hoppelnder Hase für die Kinder zum spontanen Impulsgeber werden.

Die *»stillen Impulsgeber«*[2] in der Natur bestimmen häufig die Wahl des Spielplatzes: Eine Baumwurzel wird von einer Kindergruppe nach kurzer Diskussion als »Schiff« erklettert.

Die *artspezifische Schwere* der benutzten Materialien fördert Kooperation durch Kommunikation; um beispielsweise einen Baumstumpf an eine gewünschte Stelle zu befördern, müssen mehrere Kinder zusammenarbeiten.

Die Handlungsplätze der Spielgruppen liegen häufig so weit voneinander entfernt, dass die Spielgruppen sich zwar meist in Sichtweite voneinander befinden, sich jedoch nicht hören.

Die freispielbegleitende Erzieherin kann durch ihren Überblick Spielbezüge zwischen den Spielgruppen anregen: Das »Sägewerk« kann die Gruppe der »Hausbauer« beliefern.

Aktivitäten in der Gesamtgruppe

Sie sind wichtig für das Bewusstsein der Kinder für ihre Gruppe, schaffen Gemeinschaftserlebnisse und verbindende gemeinsame Erinnerungen.

Vor allem Kreisspiele bieten sich an. Der Bau eines Waldsofas (siehe Anhang) ist ein schönes Gemeinschaftsprojekt, bei dem auch Eltern mithelfen können. Versteck- und Fangspiele (gute Aufwärmer im Winter) und natürlich die kleinen und großen Feste sind wichtig für die Gruppe. Oft findet man sich auch spontan im großen Kreis zusammen, um etwas Neues oder besonders Schönes gemeinsam zu bewundern und seine Gefühle darüber auszutauschen. Dies kann das erste Schneeglöckchen sein (aber bitte den Kreis um das Schneeglöckchen beachten; es soll ja den Frühling weiter einläuten dürfen), ein Eichhörnchennest (Kobel) hoch oben im Geäst und vieles mehr.

[2] Stille Impulse: Materialien, die sich durch eine relative Ortskonstanz auszeichnen und keine akustischen Signale aussenden

Mit 20 Kindern lassen sich bestimmte gemeinsame Aktivitäten nur durchführen, wenn ausreichend Platz da ist, und wenn der Platz dafür eben, frei von Stolperfallen und schutzwürdiger Flora und Fauna ist.
Lieder und Märchen sind weitere mögliche Gesamtgruppen-Themen.

Aktivitäten in der Kleingruppe

Eine ständige Kleingruppe im Waldkindergarten kann eine offene Werkgruppe sein, der sich Kinder während des Freispiels anschließen können und die immer von einem Erwachsenen betreut wird. Werk- und Bastelarbeiten sollten ebenfalls in der Kleingruppe stattfinden, da altersspezifisch eventuell Hilfestellung gegeben werden muss.

Den Kleinen – besonders den Dreijährigen – wird die überschaubare kleine Gruppe eher gerecht. In diesem Rahmen äußern sie ihre Bedürfnisse, die auch besser wahrgenommen werden können als in der Gesamtgruppe.

Die räumlichen Möglichkeiten im Waldkindergarten begünstigen die Arbeit in kleinen Gruppen. Jede Gruppe wird ihren Platz finden, an dem sie sich wohl fühlt und ungestört zusammen sein kann.

Einzelspiel

Auch hier schaffen die räumlichen Bedingungen gute Voraussetzungen für ein ungestörtes Spiel. Ich beobachtete im Waldkindergarten immer wieder zwei bis drei Kinder je Gruppe, die über einen Zeitraum von bis zu 20 Minuten allein spielten. Ich erinnere mich an eine Beobachtung, in der ein morscher Baumstrunk in einen Kühlschrank umfunktioniert wurde, dieser wurde (von einem Mädchen) mit allen möglichen Vorräten bestückt.

Der Wunsch, sich für einige Zeit zurückzuziehen, ist grundsätzlich positiv zu bewerten. Wenn ein Kind sich für einige Zeit bewusst von der Gruppe absondert, ermöglicht ihm das, danach wieder neu auf die anderen zuzugehen. In beengten Kindergartenräumen werden allein spielende Kinder oft unbeabsichtigt in ihrem Spiel gestört.

Projektarbeit

Projektarbeit heißt auch, sich auf einen Prozess einzulassen, offen zu sein für Wendungen und Änderungen, angeregt durch neue Erfahrungen, Begegnungen und Interessen. Kinder und Erzieher sind eingebunden in gemeinsame Prozesse des Entdeckens, Erforschens und Ausprobierens. Der Naturraum schafft hierfür ideale Voraussetzungen.

Wichtig für die Waldkindergärten:

Bei der Auswahl von Projektthemen nicht zu »naturfixiert« vorgehen! Es ist Aufgabe der Pädagogen, die gesamte Spannbreite kindlicher Lebenswelten im Auge zu behalten; dazu gehören Projektthemen wie Leben und Tod, Angst/Trennung, Freundschaft, Streit/Versöhnung.

VI. Die Erkundung[1] der Natur

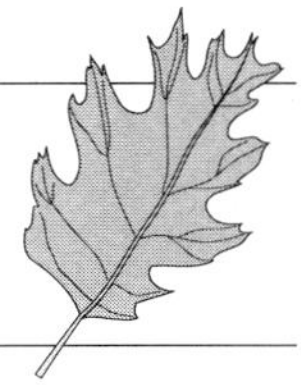

Das Beobachten

Es ist immer wieder faszinierend, mit welcher Intensität und Ausdauer gerade einzelne Kinder in der Natur zu Beobachtern werden. Gefördert wird diese Konzentrationsfähigkeit durch

- die Möglichkeit, sich ein stilles Plätzchen zu suchen,
- geringe Ablenkung durch externe Reize,
- das dem Kind angeborene Neugierverhalten, das durch die in vielen Teile »große unbekannte Natur« immer wieder erwacht,
- die Inspiration der ästhetischen Umgebung.

Beispiel:
Christian steht an einem kalten Dezembermorgen leicht nach vorn gebeugt, beide Hände auf einen langen Stock gestützt, dessen Ende tief im Wassergraben steckt, über diesem Graben, ganze 14 Minuten lang. Ab und zu bewegt er dabei leicht den Stock – und niemand stört ihn! Genau darum geht es beim Alleinsein: um die Abwesenheit von Zerstreuungen; ein Heilmittel für die seelische Zerrissenheit vieler Kinder. Hierin sind sie den Erwachsenen nachahmenswerte Vorbilder, diese begnadeten Fokussierer.

> »Der Mensch ist nicht nur er selbst.
> Er ist alles, was er sieht;
> alles, was ihm zufließt,
> aus tausend Quellen.
> Er ist das Land,
> die Erhebung der Berge,
> die Weite der Täler.«
>
> Mary Austin[1]

[1] Aus: Cornell, Joseph: Auf die Natur hören. 1991, S. 39

Wir unterscheiden kurzfristige und langfristige Beobachtungen. War ein Kind längere Zeit nicht an einem bestimmten Waldplatz, so wird es wahrscheinlich Veränderungen bemerken: »Der Platz sieht aber jetzt ganz anders aus!»

Die jahreszeitlich bedingten Veränderungen in der Natur geben den Kindern erst nach nochmaligem Durchleben diese tiefe Sicherheit, dieses Gefühl: »Ach ja, jetzt ist es wieder so. Ich kenne das schon, und es wird im nächsten Jahr wieder so sein«.

Diese rhythmischen Vorgänge sind – wie auch die jahreszeitlichen Feste – seelische Haltepunkte, Fixpunkte im Jahreslauf, die Orientierung geben.

Durch die Beobachtung zum Beispiel eines Tieres – der Schnecke – erfährt das Kind Einzelheiten: Wie bewegt sich das Tier? Was frisst die Schnecke? Usw.

Man kann aber auch mehrere Erscheinungen unter einem Gesichtspunkt beobachten. Beispielsweise: Wie bewegen sich die Tiere, die uns umgeben? Dies ist eine kurzfristige Beobachtung, da sie nicht in bestimmten Zeitabständen wiederholt wird.

Das Betrachten[2]

Unter Betrachten verstehen wir, dass die Kinder bestimmte Gegenstände ansehen, auch in die Hände nehmen. Sie nehmen die äußeren Merkmale oder Zustände und die erkennbaren Eigenschaften wahr: Ein Stück Eis ist kalt, hat eine glatte Oberfläche etc. Beeinflussen kann man die Betrachtungsdauer und -intensität durch bestimmte Aufgabenstellungen: z.B. durch eine vergleichende Betrachtung von zwei Gegenständen.

Schön ist es, wenn die Erzieherin aus ihrem »Schatz« eine passende Geschichte, ein Gedicht, einen Reim oder ein Lied voranstellt, das den Gegenstand mit Leben erfüllt und emotionale Zugänge beim Kind eröffnet. Tätigkeiten der Kinder, die mit dem Betrachten verbunden werden können, sind das Sammeln und Suchen nach Gleichem oder Ungleichem und damit die Zuordnung bestimmter Gegenstände nach bestimmten Kriterien. Die Kinder üben sich über

2 Vgl. Arndt, Marga: Die Natur erlebt und beobachtet mit Vorschulkindern. Neuwied 1991

die differenzierte Wahrnehmung auch im Beschreiben der Dinge. Eine weitere Möglichkeit ist die Suche nach vergleichbaren Merkmalen bei einem anderen Objekt. Will man etwa das Thema »Knospe« behandeln, so empfiehlt es sich, eine große Knospenart auszuwählen, zum Beispiel eine Kastanie. Die Kinder können eine »Ausstellung« aufbauen und die Eltern so an ihren Entdeckungen teilhaben lassen.

»Wir haben verlernt, die Augen auf etwas ruhen zu lassen. Deshalb erkennen wir so wenig«[3]

Das Untersuchen

Beim Untersuchen lernen die Kinder die Gegenstände über ihr äußeres Erscheinungsbild hinaus kennen (durch Zerlegen, Zerschneiden, Öffnen usw.). Unsere Kinder untersuchen zum Beispiel gerne die Galläpfel auf den Buchenblättern.

Bereits beim Basteln mit Naturmaterialien erfahren die Kinder einiges über das »Innenleben« der verwendeten Dinge. Es sollte nur ein Objekt einer bestimmten Art für die Untersuchung genommen werden. Das Kind zieht aus der Untersuchung Erkenntnisse, die zu einem sorgsameren Umgang mit der Natur führen können.

Das Experimentieren

Das Experimentieren ist eine bestimmte Form der Beobachtung. Während bei der Beobachtung die Situation und der Gegenstand nicht willentlich verändert werden, wird beim Experiment ein bestimmter Vorgang oder Zustand bewusst herbeigeführt, um diesen dann beobachten zu können.

Beispiele aus der Waldkindergarten-Praxis

- Kinder werfen Schneeklumpen in den Bach und beobachten, wie sie schwimmen und sich langsam auflösen.
- Kinder umbauen eine Schnecke mit einem Hindernis und beobachten, ob und wie die Schnecke dieses Hindernis überwindet.

---

[3] Giono, Jean, franz. Schriftsteller (1895–1970)

- Auf eine Ameisenstraße werden Zuckerkrümel ausgestreut. Fressen die Ameisen den Zucker? Tragen sie die Bröckchen zu ihrem Ameisenhügel?

Experimente werden häufig von Kindern initiiert, können aber auch bewusst durch die Erzieherin angeregt werden. In der Natur müssen experimentelle Situationen und Anlässe nicht mühsam vorbereitet und aufgebaut werden. Die Anlässe ergeben sich, werden aufgegriffen und können im natürlichen Umfeld erlebt werden. Der heimliche Lehrplan der Natur bestimmt Zeit und Ort, nicht allein der Erzieher.

VII. Es ist soweit: Der Übergang vom Waldkindergarten zur Schule

Die Zusammenarbeit Kindergarten – Grundschule

Das Team des Waldkindergartens sollte nicht versäumen, mit dem zuständigen Verbindungslehrer der Grundschule vorher (und möglichst auch am Waldplatz) ein Gespräch zu führen, das folgende Ziele hat:

- Einblicke geben in die Art und die Bedingungen der Waldkindergarten-Arbeit,
- vertraut machen mit dem pädagogischen Anspruch der relativ neuen, wenig bekannten Kindergartenform,
- Interesse wecken für die Spielinhalte und Spielformen der Waldkindergartenkinder,
- die Vorschulkinder mit dem Lehrer vertraut machen,
- auf die besonderen Ressourcen der Kinder hinweisen.

Die Ängste einiger Eltern, ihr Kind könnte durch den Aufenthalt im Wald nicht fit sein für das, was in der Schule von ihm erwartet wird, sind anscheinend unbegründet (vgl. Untersuchung von Prof. Dr. Gorges).

Wenn sich Eltern besorgt fragen, ob ihr Kind im Waldkindergarten auch alles lernen wird, was zum Schulbeginn nötig ist, sollten sie bedenken, dass die Kinder den (späten) Nachmittag, den Abend und das Wochenende in ihren Familien verbringen und so bestimmt auch dazu kommen, im Wald wenig geübte Kulturtechniken – wie das Schneiden mit der Schere – zu üben.

Die Kindheit hat einen Wert an sich; so auch die Kindergartenzeit. Es kann nicht unser Ziel sein, Kinder zu befähigen, im Schulalltag möglichst lange auf einem Stuhl zu sitzen.

Aber

Der Waldkindergarten kann – im Sinne eines vernetzten Arbeitens – die Schule am Ort anregen, über ihre Lern- und Arbeitsmethoden zu reflektieren und Änderungen anzustreben. Er kann unterstützen und beraten, zum Beispiel bei der Planung und Durchführung eines Projekts »Entdeckendes Lernen in der Grundschule« o.ä.

Gestaltung des Übergangs: Vom Kindergarten zur Grundschule

Kinder setzen Zeichen. Erinnern Sie sich an das Bedürfnis, Ihre Initialien in die Rinde eines Baumes zu ritzen, auf einem alten Gemäuer das Datum zu hinterlassen? Und wenn wir dann nach Jahren durch den Wald gehen, bleibt dieser Baum etwas Besonderes, Einmaliges. Wir haben ihm unseren Stempel aufgedrückt, ihn (schmerzhaft) gezeichnet. Das hebt ihn heraus aus der Masse der unbedeutenden, gleichen. Hier äußert sich das Grundbedürfnis des Menschen, Spuren zu hinterlassen, nicht spurlos zu bleiben[1].

Nun kann es nicht in unserem Sinne sein, dass die Waldkindergartenkinder die Rinde der Bäume verletzen. Dennoch sollten wir dem natürlichen Bedürfnis Raum geben. Jeder Waldkindergarten wird vor dem Hintergrund des Landschaftsbildes eigene Möglichkeiten dafür finden.

Ein Gedanke sollte uns dabei leiten, der Gedanke der Dankbarkeit. Dankbarkeit für die vielen schönen Stunden, die das Kind hier verbringen durfte. Wir können dieser Dankbarkeit Ausdruck verleihen durch ein »Geschenk«, das wir dem Wald hinterlassen. Ein Geschenk ist etwas, worüber man sich freut. Bezogen auf die Lebensgemeinschaft Wald heißt das: Etwas tun, was der Lebensgemeinschaft gut tut.

Erziehung zur Dankbarkeit heißt auch: Etwas Schönes erleben, getragen von dem Bewusstsein, dass es nicht selbstverständlich ist, dass uns die Dinge heute umgeben und morgen noch umgeben werden. Im Dank steckt ein Stück emotionale Verpflichtung für das Empfangene – hier die Verantwortung des Kindes der Natur gegenüber. Dieses Gefühl für die Natur wird sich auf andere Menschen übertragen und bei ihnen den Grundstein legen für ein empathisches Miteinander.

---

[1] »Auf die Dauer ist Raum, in dem das Leben seine Spuren hinterlassen kann, ebenso elementar wie Wasser und Luft für menschliches Überleben.« (Ivan Illich)

Ein Männlein hüpft im Walde…

Entdeckungen am Wegesrand

Waldforscher unter sich

Wald-geheimnissen auf der Spur

Mittagspause im Zwergenwald

Rast auf verwunschenen Plätzen

Eine kleine Waldmusik

Zwei Kinder haben Geburtstag

Vorschläge für die Gestaltung des »Abschiedsgeschenks an den Wald«:

- Pflanzen eines Baumes/mehrerer Bäume (je nach Möglichkeit für die Gesamtgruppe der Vorschulkinder oder je Kind). Rechtzeitige Absprache mit der Forstbehörde erforderlich.
- Verpflichtung der Vorschulgruppe, einen bestimmten Waldbereich sauber zu halten, frei von Unrat etc. (Überlegung: Zeitliche Begrenzung?)
- Übernahme einer »Patenschaft« für einen bestimmten Baum/ein Gebiet im Gemeinwesen, das zum Beispiel im Sommer regelmäßig gegossen werden muss.
- Anlegen einer »Steinmauer« (Absprache mit dem Förster).

Weitere Anregungen sind über Naturschutzverbände erhältlich.

Das Abschiedsfest im Waldkindergarten

Der Fantasie sind hier kaum Grenzen gesetzt. Wichtig ist zu erfragen, was die Vorschulkinder selbst gerne beitragen würden, und wie sie sich das Fest vorstellen.

Im Waldkindergarten Bad Liebenzell wird am »Waldsofaplatz« ein Stück gespielt. Die »Bühne« ist der offene hintere Teil des Sofa-Rundes. Es gibt einen Ansager, der durch das Programm führt, und möglichst viele Mitspieler. Der Vorhang besteht aus einem zwischen zwei Bäumen gespannten großen Tuch.

Die Vorschulkinder stellen ihr »Geschenk an den Wald« den Eltern und Freunden vor. Und dann wird natürlich gegessen und getrunken.

Zum Schluss erhält jedes Vorschulkind eine Medaille (runde, dünne Holzscheibe an selbst geflochtenem Band), in das die Erzieherinnen mit dem Brennstab den Namen jedes Kindes eingeritzt haben. Der Name steht für ein ausgeprägtes Persönlichkeitsmerkmal des Kindes im Naturraum; da gibt es den »Sachensucher« ebenso wie das »Adlerauge« oder die »Spürnase«. Die anderen Kinder haben jede Scheibe liebevoll mit Naturmaterial verziert.

Der Kontakt zu den Schulkindern wird weiter gepflegt; oft kommen sie in den Schulferien, wenn der Waldkindergarten seinen

Betrieb schon wieder aufgenommen hat, zu Besuch. Immer sind sie dann interessiert und engagiert.

Waldkindergarten und Schulfähigkeit

Zum Thema »Schulfähigkeit von Kindern aus Waldkindergärten« machte Prof. Dr. Gorges (FH Darmstadt) eine Untersuchung. Ausgangspunkt war die Frage, welche für die Schulfähigkeit relevanten Voraussetzungen und Kompetenzen im Waldkindergarten gefördert werden. Ideale Bedingungen bietet der Waldkindergarten demnach bezogen auf die körperlichen Voraussetzungen und den allgemeinen Gesundheitszustand der Kinder. Im Gegensatz zu den häufig einengenden Bedingungen der Regelkindergärten bieten Waldkindergärten vielfältige Bewegungsanlässe und -möglichkeiten, auch für Bewegungen raumgreifender Art, so dass die psychomotorische Entwicklung optimale Anreize erhält. Auch im Bereich der kognitiven Entwicklung sieht Prof. Gorges im Waldkindergarten vielfältige Förderanlässe; gehören doch Beobachtung von Tieren und Pflanzen, Sammeln und Ordnen von und Experimentieren mit Naturmaterial zum Waldkindergartenalltag. Schließlich sieht der Wissenschaftler in der natürlichen Atmosphäre des Waldes geeignete Bedingungen zur Förderung der emotionalen Ausgeglichenheit von Kindern.

Demnach bietet der Waldkindergarten günstige Voraussetzungen zum Erwerb von Basiskompetenzen, die die Schulfähigkeit positiv beeinflussen. Eine Befragung von Grundschullehrern (bei einer allerdings sehr kleinen Stichprobe von fünf Schülern, die drei Jahre einen Waldkindergarten besucht hatten) ergab, dass bei den ehemaligen Waldkindergartenkindern – im Vergleich zu den Mitschülern der 1. Klasse – keine spezifizierbaren Entwicklungsdefizite festzustellen waren. Ihre Leistungen entsprachen denen der Klasse. Die Untersuchung soll bei erweiterter Stichprobe vertieft werden.

Tatsache bleibt, dass von Eltern immer wieder Ängste bezüglich der Schulreife von Waldkindergartenkindern geäußert werden. Hier helfen nur qualifizierte Informationen.

Grundsätzlich ist es nicht die Aufgabe des Waldkindergartens, die Kinder schulfähig zu machen. Das Kinder- und Jugendhilfegesetz formuliert als zentrales Ziel die Förderung der Entwicklung des Kindes zu einer eigenverantwortlichen und gemeinschaftsfähigen Persönlichkeit. Dieses Ziel steht sowohl bei Regelkindergärten als auch bei Waldkindergärten und anderen Einrichtungen mit besonderer pädagogischer Ausprägung im Mittelpunkt.

Kompetenzen, die der Waldkindergarten möglicherweise vernachlässigt, sind

- Umgang mit Vorschulmaterialien wie Arbeitsblättern und anderen vorgefertigten didaktischen Materialien,
- praktische Erfahrung im Umgang mit Schere, Malstiften u.a.,
- Übung im »Stillsitzen«,[2]
- Übung in der Fähigkeit, auf relativ begrenztem Raum zu spielen, ohne andere zu stören oder sich durch sie stören zu lassen.
- Waldkindergartenkinder erschließen sich ihre Umwelt weniger durch Sekundärerfahrungen.

Die Konzeptionen der Waldkindergärten setzen Schwerpunkte in der Förderung von Basiskompetenzen, sowohl der körperlichen und geistigen, als auch der Kompetenzen im Bereich der emotionalen und sozialen Entwicklung. Damit werden für die Schulfähigkeit relevante Voraussetzungen und Kompetenzen entwickelt.
Außerdem bleibt festzuhalten, dass Schulreife oder Schulfähigkeit von unterschiedlichen Faktoren beeinflusst werden. Der Kindergarten ist nur eine Einflussgröße:[3]

[2] Sitzforscher Rolf Selling (Minden): Schon 90 Prozent aller Schulanfänger haben Haltungsschwächen, weil sie zu früh mit dem »Sitz-Marathon« beginnen. (HIHW-Heidelberger Initiative für gesunde Arbeit)
[3] Aus: Nickel, H.: Vom Kleinkind zum Schulkind. 1999

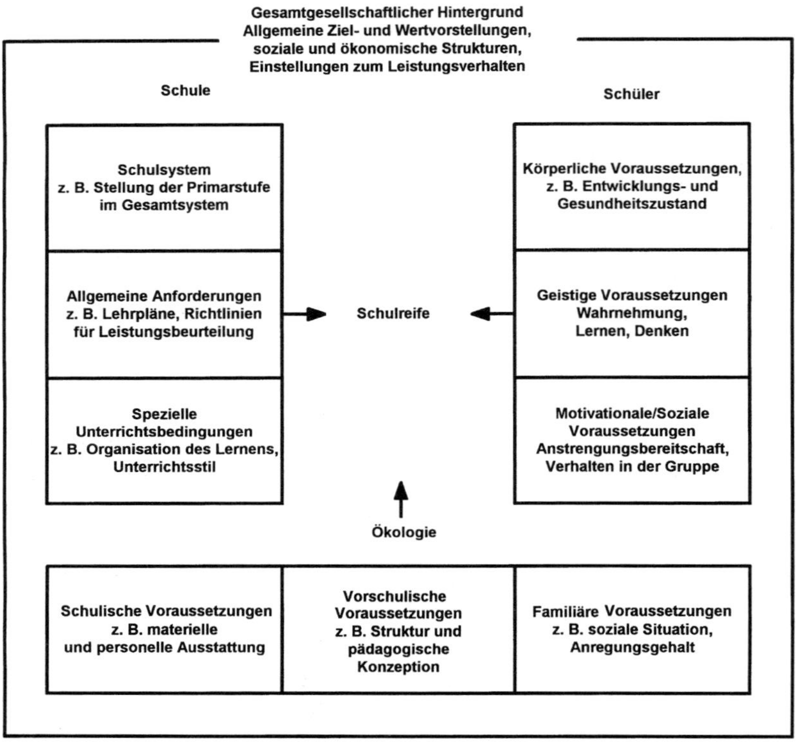
Gesamtgesellschaftlicher Hintergrund
Allgemeine Ziel- und Wertvorstellungen,
soziale und ökonomische Strukturen,
Einstellungen zum Leistungsverhalten
Schule
Schüler
Schulsystem
z. B. Stellung der Primarstufe
im Gesamtsystem
Körperliche Voraussetzungen,
z. B. Entwicklungs- und
Gesundheitszustand
Allgemeine Anforderungen
z. B. Lehrpläne, Richtlinien
für Leistungsbeurteilung
Schulreife
Geistige Voraussetzungen
Wahrnehmung,
Lernen, Denken
Spezielle
Unterrichtsbedingungen
z. B. Organisation des Lernens,
Unterrichtsstil
Motivationale/Soziale
Voraussetzungen
Anstrengungsbereitschaft,
Verhalten in der Gruppe
Ökologie
Schulische Voraussetzungen
z. B. materielle
und personelle Ausstattung
Vorschulische
Voraussetzungen
z. B. Struktur und
pädagogische
Konzeption
Familiäre Voraussetzungen
z. B. soziale Situation,
Anregungsgehalt

VIII. Elternarbeit

Welchen Kindergarten brauchen die Eltern?

Natürlich gibt es auf diese Frage keine eindeutige Antwort. Tatsache ist, dass die bisher relativ kurze Betreuungszeitspanne – im Vergleich zum Regelkindergarten – den Waldkindergarten für berufstätige Alleinerziehende und Elternhäuser, in denen beide Eltern berufstätig sind, unattraktiv macht.
Wie kann der Waldkindergarten diesen Familien gerecht werden?

Eine Möglichkeit wäre die Einrichtung einer sogenannten Tageseltern-Börse[1]. Angebot und Nachfrage bezüglich zusätzlicher Kinderbetreuung können in diesem Rahmen offengelegt und diskutiert werden. Die Erfahrung in Baden-Württemberg zeigt, dass sich fast immer interessierte nichtberufstätige Mütter oder Väter finden, die gegen Bezahlung oder Ausgleich (zum Beispiel durch Wochenend- oder Ferienbetreuung) bereit sind, ein Kind nach Kindergartenschluss weiter zu betreuen.

Weitere Alternativen

- Der Waldkindergarten überprüft im näheren Umfeld die Möglichkeiten der Benutzung von Räumen anderer Einrichtungen. So könnte man mit der in der Nähe befindlichen Schule Gespräche über eine mögliche Nutzung ihrer Räume an den Nachmittagen führen. Bei überzeugender Argumentation sind auch Schulträger zu überzeugen!
- Kooperation mit einem Regelkindergarten
- Verlängerung der Öffnungszeiten

Die in der Regel ökologisch sensibilisierten Eltern möchten möglichst *wenig mit dem Auto* fahren, das bedeutet:

- Schon bei der Planung und Auswahl des Waldstückes ist auf eine gute Anbindung an das öffentliche Verkehrsnetz zu achten!

---

[1] Vgl. Becker-Textor, Ingeborg: Kindergarten 2010. Freiburg 1994

- Die Bildung von Fahrgemeinschaften ist zu unterstützen.
- Der Beginn der Betreuungszeit sollte mit der Ankunftszeit der öffentlichen Verkehrsmittel harmonieren.
- Wenn ein größeres Fahrzeug für den Transport der Kinder zur Verfügung gewünscht wird, ergeben sich folgende Varianten:
  Kauf: Möglichkeit des Social Sponsoring überprüfen.
  Auftragsfahrten von Eltern, die über ein größeres Auto verfügen (versicherungsrechtliche Fragen klären).
  Rücksprache mit Busunternehmen. (Ist eine neue Haltestelle möglich?)

Konstante Betreuungszeiten auch bei extremen Witterungsverhältnissen – das heißt:
- rechtzeitig Alternativprogramm planen,
- Telefonkette aufbauen und allen Eltern zukommen lassen,
- Krankheitsvertretung klären,
- Ausweichraum organisieren – warum nicht auch im örtlichen Altersheim?

Geringe Personalfluktuation erreichen, das heißt:
- entsprechend strukturierte Einstellungsgespräche führen,
- Fortbildungsmöglichkeiten für die Erzieher,
- regelmäßige Gespräche mit den Eltern,
- Stärkung und gute Information des Elternbeirats,
- Mittelbeschaffung – zufriedenstellende Bezahlung der Mitarbeiter,
- Maßnahmen zur Erhaltung und Steigerung der Arbeitszufriedenheit der Mitarbeiter (hier ist der Träger/Vorstand verantwortlich/mitverantwortlich).

Offene Elternarbeit

Der Kindergarten öffnet sich für die Eltern. Das könnte praktisch so aussehen:
Die Eltern können – nach Absprache mit dem pädagogischen Team – am Geschehen im Waldkindergarten teilnehmen. Die üblichen Zeiten (Beginn und Ende) der Kindergartenzeit sollten dabei berücksichtigt werden.

Vorteile für die Eltern

- Eltern erleben ihre Kinder (vielleicht ein Einzelkind) in der Gruppe.
- Sie erleben ihr Kind in der autonom strukturierten Umgebung und bekommen dadurch die Möglichkeit, Ressourcen, Unsicherheiten und Handlungs- und Lernstrategien ihres Kindes kennenzulernen.
- Sie können sich im Naturraum vom Verhalten und der Entdeckerfreude ihres Kindes inspirieren lassen.
- Sie lernen die Freunde ihres Kindes kennen; spätere Erzählungen der Kinder werden durch dieses Wissen lebendiger und verständlicher.
- Eltern treffen Eltern; zwangloses Kennenlernen.
- Sie erleben das Erzieher-Team bei der Arbeit.
- Gute Vorbereitung auch für eine gezielte Social-Sponsoring-Aktion.
- Die Eltern kennen die Gruppe und können als kompetente Begleiter in bestimmten Situationen die Erzieherinnen unterstützen.
- Sie können in der Öffentlichkeit bei Fragen nach Zielen und Inhalten der Waldkindergarten-Pädagogik auf ihr Erfahrungswissen zurückgreifen.
- Sie kennen die Kinder – es gibt gemeinsame Bezugspunkte für Elterngespräche.

Vorteile für die Kinder

- Die Kinder kennen sich in »ihrem« Wald aus. Hier sind sie vielfach kompetenter als ihre Eltern und können Wissen weitergeben.
- Möglichkeit des gemeinsamen Erlebens und Entdeckens.
- Eltern werden zu kompetenten Gesprächspartnern. Sie kennen die Waldplätze und Waldschätze.
- Kinder nehmen Impulse der Eltern auf und umgekehrt.
- Andere Kinder lernen die Eltern kennen.

Vorteile für das Erzieherinnen-Team und die Institution

- Erzieherinnen nehmen Impulse der Eltern auf.
- Sie erfahren etwas über die Ressourcen der Eltern.
- Sie können das Kind und seine Bedürfnisse besser verstehen, wenn sie die Eltern handelnd mit dem Kind erleben.

- Sie erreichen ein hohes Maß an Identifikation der Eltern mit ihrer Institution.
- Der Zusammenhalt der Eltern untereinander wird gestärkt; eine gute Voraussetzung u.a. für das Gelingen einer »Tageseltern-Börse«.

Voraussetzungen für offene Elternarbeit

Damit eine offene Elternarbeit gelingt, bedarf es einer guten Vorbereitung:

- Klärung im Team: Wie definieren wir »offene Elternarbeit«?
- Soll der Zugang für Eltern generell an allen Tagen möglich sein oder gibt es »Besuchstage«?
- Verweildauer der Eltern. (Was tun, wenn Eltern später kommen?)
- Kompetenz der Eltern – Eltern als Spielpartner der Kinder.
- Transparenz – Vermittlung von Regeln im Waldkindergarten.
- Information – was sollten Eltern über unsere pädagogische Konzeption und die daraus resultierenden Ziele unbedingt wissen, um unser Handeln im Naturraum verstehen zu können?
- Versicherungsrechtliche Fragen.
- Eigene Ängste und Unsicherheiten (besonders bei Berufsanfängern) reflektieren.
- Umgehen mit »unerwünschtem« Elternverhalten.
- Was denken die Kinder? Kinderkonferenz zum Thema »Eltern im Kindergarten«. Welche Bedenken haben sie? Was finden sie gut?
- Immer wieder: Reflektieren und Diskutieren mit allen Beteiligten.
- Offenheit für Verbesserungsvorschläge und Kritik.
- Stehen alle Team-Mitglieder hinter dem Konzept »offene Elternarbeit«?
- Einstellung des Trägers zur Idee – Diskussion.
- Öffentlichkeitsarbeit zum Thema? Vorteile/Nachteile.

Eltern treffen Eltern – der Waldkindergarten als Ort der Begegnung

Vorschläge:
Eltern sollten die Möglichkeit haben, Informationen weiterzugeben und zu empfangen.

Umsetzungsmöglichkeiten:

- Waldkindergarten-Hotline (häufig an Schnur befestigte Info-Zettel)
- Telefonkette: aktuelle Liste an alle Eltern
- Info-Box am Treffpunkt: Alle Eltern besitzen einen Schlüssel.

Tipp: Info-Box groß genug (und wasserdicht) planen, so dass auch Gegenstände weitergegeben werden können. Die Info-Box kann bei Waldkindergarten-Schluss im Schuppen eingeschlossen werden.

- Info-Heft für Eltern und Mitglieder mit Rubrik für »Briefe«, »Suche« usw.
- Schaffung eines Begegnungsforums: Die Eltern sollen die Möglichkeit erhalten und darin unterstützt werden, sich auch ohne Mitglieder des pädagogischen Teams zu treffen.

Umsetzungsmöglichkeiten für das Begegnungsforum:

- Elternstammtisch,
- Zeit zum geselligen Beisammensein vor/nach Elternabenden,
- kommunikationsfördernde Gestaltung des »Treffpunktes« am Waldkindergarten (Sitzgelegenheit, Regenschutz),
- Nutzung des »Ausweichraumes« für Elternaktivitäten und -treffen,
- Planung eines »Kleidermarktes« am Ende des Kindergartenjahres (waldkindergartenspezifische Kleidungsstücke wie Buddelhandschuhe und -hosen werden auf normalen Flohmärkten kaum angeboten) – finanzielle Entlastung für Familien und ökologisch sinnvolle Weiterverwendung.

Gemeinsame Aufgaben und Projekte

Die finanzielle Situation der meisten Wald- und Naturkindergärten führt die Eltern und die Erzieher zwangsläufig mit dem Ziel der »Geldbeschaffung« zusammen. Die Anlässe sind vielseitig:

- Bastelgruppen,
- Vorbereitungsgruppen für Flohmärkte,
- gemeinsamer Verkauf auf Wochen- und Weihnachtsmärkten,
- Tag der offenen Waldtür.

Ein weiterer Schwerpunkt sind gemeinsame naturpädagogische Erfahrungen, zu denen auch ehemalige Waldkindergarteneltern und Vereinsmitglieder eingeladen werden können (Mitgliederpflege!).

Möglich sind:

- Wald-Erlebnisnachmittag (guter Zeitrahmen: drei Stunden) für die ganze Familie oder bewusst beschränkt auf die Eltern,
- Angebot einer »Waldfreizeit« in den Ferien unter Beteiligung von Praktikanten, Eltern u.a.
- »Waldreinigungsaktion«[2] (vgl. Öffentlichkeitsarbeit),
- gemeinsames Beerensuchen,
- Aktion: Herstellung eines »Waldsofas« (im Anhang beschrieben),
- eine Nacht im Wald mit der ganzen Familie[3],
- Kunst im Wald: kreatives Gestalten mit Naturmaterialien,
- »Waldmärchen« oder »Im Reich der Wasserfrau« oder »Im Reich der Wurzelzwerge«,
- Meditation in der Natur,
- Waldmusik mit selbst gefertigten Instrumenten,
- Heilkräuter im heimischen Wald (vgl. Öffentlichkeitsarbeit),
- unterwegs auf den Spuren der Ameisen.

Eltern finden den Kontakt zur Natur erfahrungsgemäß am ehesten über praktisches Tun, in der Auseinandersetzung mit Naturmaterialien im Naturraum.

Generell gilt: Eltern Zeit lassen! Gefühle vor der Gruppe zu äußern, setzt Vertrauen voraus und ist nicht jedermanns Sache.

Sachwissen ist – wohl dosiert – willkommen.

Ziel dieser gemeinsamen Aktivitäten

- Gemeinsame Erlebnisse in den Familien/innerhalb der Elterngruppe
- Sensibilisierung für die Natur

[2] Pressenotiz zum Waldputztag im Anhang

[3] »Eine Nacht unter den Sternen«. Waldwochen, Rebbergstraße, CH-4800 Zofingen

- Wissensvermittlung
- Identifikation mit der Institution; in der Folge: Werbung für den Waldkindergarten in der Öffentlichkeit
- Anregung für Familien – die Aktivitäten können nahezu kostenfrei durchgeführt werden.

Elterngespräch und Elternabend

Elterngespräche finden nach Bedarf statt – zum Teil im Anschluss an den Waldkindergarten (wenn eine Betreuung des Kindes durch eine andere Person gewährleistet ist), zum Teil am Abend (vor allem, wenn beide Eltern anwesend sind).
Eltern, die keine Gelegenheit hatten, ihr Kind in der Natur zu beobachten, interessieren sich für Spielinhalte und Verhalten in der Gruppe sowie Entwicklungsfortschritte.
Elternabende finden in der Regel fünfmal jährlich statt. Die Themen sind selten naturpädagogischer Art. Es geht vielmehr um allgemeine pädagogische Themen wie aggressives Verhalten, Kinder und Rhythmus, kindliche Sexualität.

Planung von Waldtagen in Regelkindergärten

1. Pädagogische Diskussion:

Unsere Motivation – warum? Welche neuen Erfahrungen können wir als Team, können die Kinder machen? Welche Bedeutung haben diese Erfahrungen für unsere Arbeit? Für die Elternhäuser? Für die Gesellschaft?

2. Organisation:

- In welcher Form sollen die Waldtage stattfinden? (vgl. dazu S. 10/11)
- Gehen wir bei jedem Wetter? Alternativen?
- Welches Waldgebiet ist geeignet? (Förster, Ortsbegehung, Anbindung an öffentliche Verkehrsmittel, Trägermeinung?)

- Information: evtl. Hospitation in einem klassischen Waldkindergarten, Literatur ...
- Sind Anschaffungen notwendig/gewünscht? (vgl. S. 78 ff.) Spender? Sponsoren?

3. Elterninformation:

- Möglichst ein Elternabend – und zwar so rechtzeitig, dass Eltern Kinder auf Wunsch impfen lassen können! Dazu schriftliche Checkliste (vgl. S. 79/80)
- Guter Einstieg: Dias (zum Beispiel von anderen Waldprojekten) – vielleicht kann eine projekterfahrene Erzieherin berichten; ein Arzt sollte sachlich auf evtl. gesundheitliche Gefahren durch Zecken etc. hinweisen.
- Wichtig: Ängste, Bedenken der Eltern ernstnehmen – Raum geben!
- Eltern – vielleicht in Kleingruppen – an eigene Kindheitserlebnisse in der Natur anknüpfen lassen.
- Eltern ausdrücklich darauf hinweisen, dass nur alte Kleidung angezogen werden soll, die schmutzig werden darf!
- Gemeinsam Materialpool anlegen: Regensachen, Rucksäcke, Gummistiefel ...
- Welche Eltern würden gerne das Waldprojekt begleiten? Tage-/ Stundenweise?

4. Dokumentation:

- Bilder? Film? Werkstücke? Präsentationsart und –ort?
- Soll die Presse in den Wald eingeladen werden? Der Träger?

5. Reflexion:

Mit den Kindern, den Eltern, im Team.

IX. Feste und Feiern im Jahresverlauf

Jeder Waldkindergarten wird aufgrund der in der Umgebung beheimateten Bräuche spezielle Festanlässe finden und überlegen, wo er innerhalb des Gemeinwesens gestaltend und feiernd dabei sein möchte und kann.

Mögliche Anlässe, die über eine bestimmte Region hinaus Bedeutung haben können, sind:

Frühling

Frühlingsfest
Schmetterlingsfest
Tag des Baumes (10. April)
Duftfest
Osterfest

Sommer

Johannisfest
Sommerfest
Dreschfest/Erntedank
Bachfest
Abschiedsfest für die Schulkinder

Herbst

Begrüßungsfest für die »Neuen«
Kartoffelfeuer
Drachenfest
Laubfest
Waldputztag[1]

---

[1] Pressenotiz zum Waldputztag im Anhang

Laternenfest
St. Martin
Zwergenfest

Winter

Willkommen-erster-Schnee-Fest
Waldnikolaus
Waldweihnacht
Schlittenfest
Fasching
Eisfest
Eskimofest

X. Gesetzliche Grundlagen

Bisher setzte der juristische Begriff der Einrichtung »Kindergarten« das Vorhandensein eines festen Gebäudes voraus. Zusammen mit der Elterninitiative aus Berglen wurden neue Kriterien entwickelt, die das Ministerium als Maßstab zur Erteilung der Betriebserlaubnis akzeptierte. Der Waldkindergarten wurde als Einrichtung der Jugendhilfe nach § 45 KJHG anerkannt, ohne festes Gebäude, jedoch mit Schutzhütte. Man entschied damit auch im Sinne einer Erweiterung der Wahlmöglichkeiten der Eltern (§§ 5, 22, 45 KJHG).

Beschreibung unterschiedlicher Betriebsformen

Auf der Grundlage des Kindergartengesetzes in Baden-Württemberg für die Zulassungen nach § 45 SGB VIII/JHG54[1] (in anderen Bundesländern gelten andere Bestimmungen und zum Teil auch Bezeichnungen, sind andere Öffnungszeiten üblich und sinnvoll):

Vormittags geöffnete Waldkindergärten (Halbtagskindergärten – HT)

Zuschussbetrag pro Jahr: 28.000 DM
Vormittags geöffnete Gruppen mit einer wöchentlichen Öffnungszeit von mindestens 15 – 20 Stunden. Der größte Teil der Wald- und Naturkindergärten arbeitet in dieser Betriebsform. Dabei liegt die Öffnungszeit meistens zwischen 9 und 13 Uhr.

Ablauf eines Waldkindergarten-Vormittags im Halbtagskindergarten (Beispiel)

9.00 – 9.15	Ankunft
9.15 – 9.30	gemeinsamer Morgenkreis
9.30 – 9.50	auf dem Weg zu den Waldplätzen

[1] Quelle: Info zum neuen Kindergartengesetz. In: Kiebitz, Heft 7/1999

9.50 – 11.00	freies Spiel
11.00 – 11.10	Vorbereitung zum Picknick/zum zweiten Frühstück
11.10 – 11.25	gemeinsames Essen
11.25 – 12.00	freies Spiel
12.00 – 12.30	gemeinsames Tun bzw. Aktivitäten in Kleingruppen
12.30 – 12.50	Rückweg
12.50 – 12.55	Schlusskreis
13.00	die Kinder werden abgeholt

Vor- und nachmittags mehrere Stunden geöffnete Einrichtungen (Regelkindergärten – RG)

Zuschussbetrag pro Jahr: 37.000 DM
Die Gruppen sind vormittags mehrere Stunden und nachmittags mindestens zwei Stunden geöffnet, in der Regel an drei, mindestens jedoch an zwei Tagen in der Woche.

Integrierte Wald- und Naturkindergärten wählen in der Regel diese Betriebsform. Die Kinder verbringen den Vormittag im Wald, werden um 12 Uhr abgeholt und gehen ab 13.30 Uhr in die Nachmittagsgruppe des Regelkindergartens.

Waldkindergärten mit einer ununterbrochenen Öffnungszeit von mindestens sechs Stunden (Kindergärten mit verlängerten Öffnungszeiten-VÖ)

Zuschussbetrag pro Jahr: 47.000 DM
Einrichtungen mit einem höheren Personal- und Sachaufwand gegenüber dem Regelkindergarten. Die Merkmale einer Gruppe mit verlängerter Öffnungszeit liegen auch vor, wenn zusätzlich zu einer Regelöffnungszeit mehrere Kinder die verlängerte Öffnungszeit in Anspruch nehmen.

Die verlängerte Öffnungszeit wird an mindestens drei Tagen in der Woche angeboten.

Diese Betriebsform ist unter den Wald- und Naturkindergärten im Zunehmen begriffen. Wichtige Gründe hierfür sind:

Die verlängerten Öffnungszeiten kommen vor allem berufstätigen Eltern entgegen und erweitern so den Kreis der Interessenten.

Die Bezuschussung ist wesentlich höher, was vor allem für die nicht unter kommunaler Trägerschaft stehenden Waldkindergärten eine große Entlastung bedeutet.

Die ununterbrochene Betreuungszeit von sechs Stunden führt dazu, dass Waldkindergärten mit dieser Betriebsform vermehrt dazu übergehen, Blockhütten zu bauen, die den Kindern Aufwärm- und Ruhephasen ermöglichen.

Ablauf eines Waldkindergarten-Tages im Kindergarten mit verlängerter Öffnungszeit

7.40 – 8.00	eventuell Heizen des Wagens/der Hütte
8.00 – 9.00	Ankunft der Kinder, die die verlängerte Öffnungszeit in Anspruch nehmen. Eventuell Frühstück. Die Kinder werden sich wegen der niedrigen Frühtemperaturen hauptsächlich zuerst im Wagen oder in der Hütte aufhalten.
9.00 – 9.15	Ankunft der Kinder, die die Kernbetreuungszeit in Anspruch nehmen
9.15 – 13.00	wie beim Vormittagsablauf im Halbtagskindergarten beschrieben
13.00 – 14.00	Restgruppe geht (vor allem in der kalten Jahreszeit) in die Hütte/Bauwagen; Vesper; jüngere Kinder brauchen Gelegenheit zum Ausruhen.
14.00	Die Kinder werden abgeholt.

Integrative Kindergärten – Einrichtungen mit Gruppen im Sinne von § 2, Abs. 2 (IN)

Zuschussbetrag pro Jahr: 47.000 DM
Gruppen, in denen Kinder mit einer Behinderung oder besonders förderungsbedürftige Kinder, die einer besonders intensiven Zuwendung bedürfen, betreut werden. Die Gruppen haben gegenüber dem Regelkindergarten einen höheren Personal- und Sachaufwand. Dabei reduziert sich die Gruppengröße je integriertem Kind mit Behinderung um 2 Kinder.

Integration von Kindern mit besonderem Betreuungsbedarf

Die Umgebung im Waldkindergarten erhöht die Integrationschancen, insbesondere für Kinder mit
- Sprachentwicklungsverzögerungen,
- motorischen Störungen,
- Störungen im Bereich der Sinneswahrnehmung,
- allgemeinen Entwicklungsverzögerungen,
- Verhaltensauffälligkeiten wie Kontaktstörungen, aggressives und/ oder hyperaktives Verhalten.

Folgende Fragen sollten vor der Aufnahme geklärt werden:
- Die Art und Schwere der Behinderung. Diagnostische Kategorien helfen hier nicht weiter. Entscheidend sind die Fragen, wieviel und welche Art der Pflege das Kind braucht und ob das im Waldkindergarten geleistet werden kann.
- Die Beweglichkeit des Kindes spielt eine wichtige Rolle. Ein Kind, das im Rollstuhl sitzt, wird starke Wärmeverluste haben, die »Waldtoilette« kaum benutzen können und auf Waldwegen und -plätzen mit dem Rollstuhl nur beschränkt mobil sein.
- Die Bereitschaft von Krankengymnasten und Sprachtherapeuten, notwendige Fördermaßnahmen im Wald oder nachmittags zu Hause oder bei integrativen Formen nachmittags in entsprechenden Räumen anzubieten, ist zu klären.
- Die Bereitschaft von Team und Träger sind zu überprüfen.

Die Aufnahme von Kindern mit einer geistigen Behinderung (die mit einer körperlichen Beeinträchtigung verbunden sein kann) ist unter bestimmten Voraussetzungen möglich. Das Kind sollte in der Lage sein, sich räumlich zu orientieren und auf direktes Ansprechen reagieren. Beratungs- und Frühförderstellen geben weitere Informationen.

Erzieherinnen im Waldkindergarten berichten von Kindern, die in konventionellen Kindergärten, als sogenannte schwierige Kinder auffielen und im Waldkindergarten aufgrund der anderen Umgebung zu emotional und sozial integrierten Gruppenmitgliedern werden.

Aggressives Verhalten reduziert sich durch
- ausreichende Möglichkeiten zu selbst gesteuerten Bewegungsaktivitäten,
- Reduzierung von Langeweile durch situative, meist autonom entdeckte Bewegungs- und Spielanlässe,
- Erfolgserlebnisse durch Grenzerfahrungen und damit eine Steigerung des Selbstwertgefühls,
- keine Beschränkung von Körper- und Bewegungserfahrungen auf festgelegte Zeiten,
- intensive Prozesse der Selbstwahrnehmung durch Förderung der Sinneswahrnehmung auf breitester Ebene,
- ungestörte Spielprozesse durch großes Platzangebot,
- geringen Lärmpegel.

Diese im Waldkindergarten gegebenen Bedingungen lassen sich abseits vom Naturraum nur mit großem Aufwand und unvollkommen realisieren.

Wald- und Naturkindergärten sind von ihrer Wirkung her spielzeugfreien Kindergärten ähnlich. Was der Regelkindergarten in spielzeugfreien Projektphasen im Kind anlegt, wirkt im Waldkindergarten ununterbrochen auf das Kind. Waldkindergärten leisten einen Beitrag zur Suchtprävention.

Ganztags geöffnete Einrichtungen (Ganztagskindergärten – GT)

Zuschussbetrag pro Jahr: 70.000 DM
Gruppen, in denen alle Plätze als Ganztagsbetreuung nach § 45 SGB/KJHG zugelassen sind, auch wenn ein Teil der Plätze nicht ganztags belegt ist, und die einen höheren Personal- und Sachaufwand gegenüber dem Regelkindergarten haben.

Öffnungszeiten: Durchgehend über sieben bis zehn (zwölf) Stunden mit Mahlzeiten, einschließlich Mittagessen und Schlafmöglichkeiten für die Kinder.

Mir sind zwei Waldkindergärten bekannt, die nach dieser Betriebsform arbeiten. Die Bedingungen, insbesondere die Bereitstellung eines Mittagessens und einer Schlafmöglichkeit, sind von den klassischen Waldkindergärten kaum zu erfüllen.

Tageseinrichtungen mit altersgemischten Gruppen – AM (§ 1 Abs. 4 KigaG)

Zuschussbetrag pro Jahr: 56.000 DM
Gruppen mit Kindern im Kindergartenalter und mehreren Kindern im Alter von unter drei Jahren und/oder Kinder im schulpflichtigen Alter (bis zu zwölf Jahren) und mit einem höheren Personal- und Sachaufwand. Die Gruppenzusammensetzung ist daran orientiert, dass zwei Drittel der zugelassenen Plätze Kindern im Kindergartenalter zur Verfügung stehen müssen. Nicht alle dieser Plätze müssen ständig belegt sein.

Bei dieser Mischung verschiedener Altersklassen kann der Anteil der Kinder im Kindergartenalter geringer sein, aber nicht weniger als die Hälfte.

Altersgemischte Gruppen können mit unterschiedlichen Öffnungszeiten geführt werden. Die Betreuungszeiten der Kinder, die nicht im Kindergartenalter sind, müssen eine (für die Bedürfnisse der Kinder) maßgebliche Zeit einnehmen.

Diese Betriebsform wird in wenigen Waldkindergärten praktiziert, zum Beispiel in Wilhelmsdorf (BW). Die »Zwerge« (Zweieinhalbjährige) gehen dreimal wöchentlich für jeweils dreieinhalb Stunden mit den 16 »Großen« in den Kindergarten (seit Mai 1999).

Eine Aufnahme von Schulkindern dürfte sich als problematisch erweisen, da sie u.a. einen entsprechend eingerichteten Raum benötigen, in dem sie ungestört und unter Anleitung ihre Hausaufgaben machen können.

Rechtliche Aspekte

- Beim Wald handelt es sich um Staats-, Körperschafts- oder Privatwald (§ 3 Abs. 1 – 3 LWaldGBW)[2].
- Verwaltungsebenen der Forstverwaltung in Baden-Württemberg: Ministerium, Forstdirektion, Forstämter. Für den Waldkindergarten ist zunächst das örtliche Forstamt zuständig.

---

[2] Landeswaldgesetz Baden-Württemberg in der Fassung vom 31.08.1995

- Gesetzliche Rahmenbedingungen: Bundeswaldgesetz und Landeswaldgesetze; soweit sie berührt werden, auch Naturschutzgesetz, Bauordnungsgesetz, Rechtsverordnungen.
- Waldkindergärten bedürfen der Genehmigung durch den jeweiligen Waldbesitzer bzw. die Forstbehörde (§ 37 Abs. 2 LWaldGBW).
- Für geschützte Waldgebiete[3] können Rechtsverordnungen erlassen werden, die das Betretungsrecht des Waldes einschränken (§ 29–33 LWaldGBW).

Potenzielle Auflagen an einen Waldkindergarten

Die Auflagen, die die untere Forstbehörde zur Errichtung eines Waldkindergartens erteilt, sind unterschiedlich, unter Umständen auch länderspezifisch.

Mögliche Auflagen:
- Haftungsverzichterklärung gegenüber dem Waldbesitzer (siehe Anlage),
- Abstimmung mit den Interessenten,
- Zuweisung eines bestimmten Platzes,
- Festlegung von Personenzahl und Zeit,
- schonender Umgang mit natürlichen Ressourcen,
- Berücksichtigung der Belange der Waldbewirtschaftung,
- Forderung nach der Benennung einer verantwortlichen Person.

Auszug aus dem Landeswaldgesetz Baden-Württemberg in der Fassung vom 31.08.1995

Vierter Teil

§ 37

Betreten des Waldes

(1) Jeder darf Wald zum Zwecke der Erholung betreten. Das Betreten des Waldes erfolgt auf eigene Gefahr. Neue Sorgfalts- oder Verkehrssicherungspflichten der betroffenen Waldbesitzer oder sonstiger

[3] z. B. Bannwald, Schonwald, Biotopschutzwald

Berechtigter werden dadurch, vorbehaltlich anderer Rechtsvorschriften, nicht begründet. Wer den Wald betritt, hat sich so zu verhalten, dass die Lebensgemeinschaft Wald und die Bewirtschaftung des Waldes nicht gestört, der Wald nicht gefährdet, beschädigt oder verunreinigt sowie die Erholung anderer nicht beeinträchtigt wird.
(2) Organisierte Veranstaltungen bedürfen der Genehmigung durch die Forstbehörde.
(3) Das Fahren mit Krankenfahrstühlen ist gestattet. Das Radfahren und das Reiten im Wald sind nur auf Straßen und Wegen gestattet. Auf Fußgänger ist Rücksicht zu nehmen. Nicht gestattet sind das Reiten auf gekennzeichneten Wanderwegen unter 3 Meter Breite und auf Fußwegen, das Radfahren auf Wegen unter 2 Meter Breite sowie das Reiten und Radfahren auf Sport- und Lehrpfaden; die Forstbehörde kann Ausnahmen zulassen. In Verdichtungsräumen, in Naturschutzgebieten, in Waldschutzgebieten und im Erholungswald ist das Reiten im Wald nur auf den dafür ausgewiesenen Waldwegen gestattet.
(4) Ohne besondere Befugnis ist nicht zulässig
das Fahren und das Abstellen von Kraftfahrzeugen oder Anhängern im Wald,
das Zelten und das Aufstellen von Bienenstöcken im Wald,
das Betreten von gesperrten Waldflächen und Waldwegen,
das Betreten von Waldflächen und Waldwegen während der Dauer des Einschlags oder der Aufbereitung von Holz,
das Betreten von Naturverjüngungen, Forstkulturen und Pflanzengärten,
das Betreten von forstbetrieblichen und jagdbetrieblichen Einrichtungen.
(5) Der Waldbesitzer hat die Kennzeichnung von Waldwegen zur Ausübung des Betretens zu dulden. Die Kennzeichnung bedarf der Genehmigung der Forstbehörde.
(6) Die Vorschriften des Straßenverkehrsrechts bleiben unberührt, ebenso andere Vorschriften des öffentlichen Rechts, die das Betreten des Waldes (Absatz 1 und Absatz 3) einschränken oder solche Einschränkungen zulassen.
(7) Zäune sind auf das zur Durchführung einer ordnungsgemäßen Forstwirtschaft notwendige Maß zu beschränken und dürfen das

zulässige Betreten des Waldes unbeschadet des Absatzes 4 Nr.2 bis 5 nicht verhindern oder unzumutbar erschweren. Zäune sind zu beseitigen, soweit sie nicht für die Erhaltung der Bewirtschaftung des Waldes erforderlich sind. Die Beseitigung von Zäunen, die nach anderen öffentlich-rechtlichen Vorschriften angeordnet worden sind, kann nur im Einvernehmen mit der hierfür zuständigen Behörde verlangt werden.

§ 38
Sperren von Wald

(1) Der Waldbesitzer kann aus wichtigem Grund, insbesondere aus Gründen des Forstschutzes, der Wald- und Wildbewirtschaftung, zum Schutze der Waldbesucher, zur Vermeidung erheblicher Schäden oder zur Wahrung anderer schutzwürdiger Interessen des Waldbesitzers das Betreten des Waldes einschränken (Sperrung). Die Sperrung kann auch von Amts wegen erfolgen. Die höhere Forstbehörde wird ermächtigt, Waldgebiete aus den Gründen des Satzes 1 durch Rechtsverordnung zu sperren. § 41 Abs. 1 des Naturschutzgesetzes findet keine Anwendung.

(2) Eine Sperrung für die Dauer bis zu zwei Monaten bedarf keiner Genehmigung. Sie ist der Forstbehörde unverzüglich anzuzeigen; sie kann die Aufhebung der Sperre anordnen.

(3) Das Ministerium wird ermächtigt, durch Rechtsverordnung die Art und Kennzeichnung der Sperrung zu bestimmen.

§ 39
Reiten auf ausgewiesenen Waldwegen

(1) Soweit das Reiten im Wald beschränkt ist, sollen genügend geeignete, möglichst zusammenhängende und an entsprechende Wege auf Gemeindegebieten von Nachbargemeinden anschließende Waldwege für das Reiten ausgewiesen werden. Die Ausweisung erfolgt durch die Forstbehörde nach Anhörung der beteiligten Waldbesitzer und der Betroffenen.

(2) Aufwendungen des Waldbesitzers für die Beseitigung nicht unerheblicher Schäden, die durch das Reiten auf ausgewiesenen Waldwegen entstanden sind, werden vom Land ersetzt.

(3) Zur Abgeltung der Aufwendungen nach Absatz 2 erhebt das Land für das Reiten auf ausgewiesenen Waldwegen eine Abgabe. Sie ist

so zu bemessen, dass die hieraus insgesamt erzielten Einnahmen langfristig die nach Absatz 2 zu leistenden Aufwendungen nicht übersteigen.
(4) Das Ministerium wird ermächtigt, im Einvernehmen mit dem Finanzministerium durch Rechtsverordnung die Entschädigung der Waldbesitzer, die Erhebung und Höhe der Abgabe sowie die Kennzeichnung der Pferde zu regeln.

§ 40

Aneignung von Waldfrüchten und Waldpflanzen

(1) Jeder darf sich Waldfrüchte, Streu und Leseholz in ortsüblichem Umfang aneignen und Waldpflanzen, insbesondere Blumen und Kräuter, die nicht über einen Handstrauß hinausgehen, entnehmen. Die Entnahme hat pfleglich zu erfolgen. Die Entnahme von Zweigen von Waldbäumen und -sträuchern bis zur Menge eines Handstraußes ist nicht strafbar. Dies gilt nicht für die Entnahme von Zweigen in Forstkulturen und von Gipfeltrieben sowie das Ausgraben von Waldbäumen und -sträuchern.
(2) Vorschriften des öffentlichen Rechts, die diese Vorschriften einschränken, bleiben unberührt.

§ 41

Waldgefährdung durch Feuer

(1) Wer in einem Wald oder in einem Abstand von weniger als 100 Meter vom Wald

außerhalb einer eingerichteten und gekennzeichneten Feuerstelle ein Feuer anzündet oder unterhält oder offenes Licht gebraucht,

Bodendecken sowie Pflanzen oder Pflanzenreste unbeschadet der abfall- und naturschutzrechtlichen Vorschriften flächenweise abbrennt,

eine Anlage, mit der die Einrichtung oder der Betrieb einer Feuerstelle verbunden ist, errichtet,

bedarf der vorherigen Genehmigung der Forstbehörde. Die Genehmigung darf nur erteilt werden, wenn eine Gefährdung des Waldes durch Feuer nicht zu befürchten ist.
(2) Einer Genehmigung nach Absatz 1 bedürfen nicht

1. in den Fällen des Absatzes 1 Nr. 1

der Waldbesitzer und Personen, die er in seinem Wald beschäftigt, die zur Jagdausübung Berechtigten und die Imker während der Ausübung ihrer Tätigkeit,
Personen bei der Durchführung behördlich angeordneter oder genehmigter Arbeiten,
Besitzer auf ihrem Grundstück, sofern der Abstand des Feuers zum Wald mindestens 30 Meter beträgt;
2. in den Fällen des Absatzes 1 Nr. 3 Personen für die Errichtung einer Anlage, die baurechtlich oder gewerberechtlich genehmigt wurde.
(3) In der Zeit vom 1. März bis 31. Oktober darf im Wald nicht geraucht werden. Dies gilt nicht für den in Absatz 2 Nr. 1 Buchstabe a und b benannten Personenkreis.
(4) Brennende oder glimmende Gegenstände dürfen im Wald sowie im Abstand von weniger als 100 Metern vom Wald nicht weggeworfen oder sonst unvorsichtig gehandhabt werden.
(Vgl. auch »Regeln und Vertragsmuster« Nutzung von Waldflächen für Zwecke eines Waldkindergartens – Anlage)

Bedingungen der Betriebsführung[4] von Waldkindergärten

- Fest umgrenztes Waldgebiet mit Nutzungsberechtigung durch Waldeigentümer,
- Genehmigung zum Betreten des Waldes von zuständiger Forstbehörde (§ 37 Abs. 2 Landeswaldgesetz Baden-Württemberg),
- Schutzhütte als Unterstand vor schlechter Witterung und zur Materiallagerung und/oder andere geeignete Räume (die im Einzelfall geprüft werden, zum Beispiel Bauwagen),
- räumliche Möglichkeit für Elternarbeit und andere wichtige betriebliche Erfordernisse,
- Gruppengröße: max. 20 Kinder,
- zwei erfahrene Fachkräfte entsprechend § 7 Kindergartengesetz, Baden-Württemberg, Empfehlung: eine weitere Betreuungsperson,

[4] Vorgaben des Landesjugendamtes zur Erteilung der Betriebserlaubnis nach § 45 KJHG, LWV Württ.-Hohenzollern, Landesjugendamt, Ref. Tagesbetreuung

- pädagogische Konzeption über Zielsetzung, Förderung der Kinder, Tagesablauf, Aktivitäten, Ersatzprogramm für extrem schlechte Wetterlagen,
- Mobiltelefon für Notfallversorgung und Telefonliste mit Notrufnummern und Telefonnummern der Eltern,
- Erste-Hilfe-Ausrüstung,
- Vorsorgemaßnahmen für Gesundheit und Einhalten von Hygienemaßnahmen mit dem jeweils zuständigen Gesundheitsamt klären, zum Beispiel in Bezug auf Impfungen, Zeckenschutz, Giftpflanzen, Beseitigung von Fäkalien, Händereinigung usw. (Liste GA Waiblingen),
- Ausrüstung der Kinder mit:
  zweckmäßiger Kleidung je nach Wetterlage, Jahreszeit und Zustand des Waldes,
  Sitzunterlage (isolierend, leicht zu tragen, abwaschbar), geeigneten Speisen, Getränken (im Winter warm, im Sommer kalt).
- Laufende Kontakte und Absprachen mit Forstverwaltung oder Revierförster wegen möglicher Gefahren wie Astbruch nach Stürmen, Waldarbeiten, Veränderungen des Geländes aufgrund von Witterungseinflüssen, Verhalten im Wald, Schutz oder Störung der Tiere.
- Kontaktaufnahme mit weiteren eventuell zuständigen Ämtern wie Amt für Umweltschutz oder Veterinäramt.
- Kindergartenordnung auf Besonderheiten des Waldkindergartens abstimmen (Beispiele: Eltern über Vor- und Nachteile informieren, Zustimmung zu erhöhten Unfallrisiken einholen),
- Umfang der Aufsichtspflicht klar beschreiben,
- eindeutige Vorgaben über Treffpunkt, Beginn und Ende des Waldkindergartentages, Abholort, Vertretungsregelungen und eventuelle Mitwirkung der Eltern regeln.

Das Landesjugendamt erteilt eine vorläufige/befristete Betriebserlaubnis, die in der Regel nach einem Jahr durch Aufhebung der Befristung in eine unbefristete Betriebserlaubnis übergeht.

Vertreter des Landesjugendamtes nehmen jeden Waldkindergarten in Augenschein, stehen beratend zur Seite und erteilen eventuell Auflagen bzw. sprechen Empfehlungen aus.

Versicherungen, Haftung
Es besteht gesetzlicher Unfallversicherungsschutz nach § 53a Abs. 1 Nr. 14 RVO; ab 01.01.1997 nach SGB VII, § 2 Abs. 1 Nr. 8 (Unfallversicherungs-Einordnungsgesetz – EVEG). Versichert sind alle Tätigkeiten, die Teil der Kindergartenarbeit sind, auch der Weg vom und zum Kindergarten.

Besonderheiten / Sondervereinbarungen
Die Stadt Stuttgart hat als Waldeigentümer zusammen mit dem Verein Waldkindergarten, Rohr, einen Vertrag ausgearbeitet, durch den das Haftungsrisiko des zuständigen Revierförsters minimiert werden soll. Anlass für die Bedenken der Förster war ein Strafverfahren gegen einen Kollegen, der sich vor Gericht für einen durch Astbruch getöteten Autofahrer verantworten musste.

Um das Risiko der Förster und der Waldkindergartenkinder zu minimieren, soll künftig der Waldkindergarten die Verkehrssicherungspflicht für ein bestimmtes Waldgebiet übernehmen. Das Gebiet ist 0,2 bis 0,3 Hektar groß. In diesem Gebiet halten sich die Waldkindergartenkinder hauptsächlich auf. Ein Gutachter soll zweimal im Jahr die Bäume kontrollieren (nach Unwettern, wenn nötig, auch öfter). Somit übernimmt der Gutachter die Verantwortung für die Sicherheit des Geländes.

Für die Rohrer Kinder bedeutet dies jedoch nicht, dass sie sich nur auf »begutachtetem« Gelände aufhalten dürfen. Wenn sie sich außerhalb »ihres«, durch Pflöcke gekennzeichneten Gebietes aufhalten, gilt dasselbe, was auch für Waldspaziergänger gilt: Wer außerhalb der vom Forstbetrieb kontrollierten Wege läuft, tut dies auf eigene Verantwortung.

Die Nutzungsvereinbarung wurde mit Forstamt, Rechtsamt und Jugendamt abgestimmt. Das Jugendamt erklärte seine Bereitschaft, sich an den Kosten zu beteiligen, solange sie im Verhältnis zu jenen Kosten stünden, die für einen Kindergarten mit festem Gebäude anfielen (vgl. Mustervertrag im Anhang).

Betriebskosten

Im Vergleich zu Regeleinrichtungen geringere Betriebskosten, da

- keine Bauinvestitionen,
- keine baulichen Instandhaltungskosten,
- keine Möblierung,
- nur ein Teil des üblichen Spiel- und Beschäftigungsmaterials.

Dem steht ein erhöhter Personalbedarf gegenüber (für die in der Regel unerlässliche dritte Kraft bei einer Gruppengröße von maximal 20 Kindern). Durch die geringeren Gruppengrößen verringern sich die Elternbeiträge.

Kenndatenvergleich:
Konventioneller Kindergarten und Waldkindergarten
(Vergleich der Naturschule Freiburg e.V.)
Alle Werte sind pro Kindergartenplatz und -jahr angegeben. Berechnungsgrundlage sind die Werte aus neun Kindergärten in Baden-Württemberg und zwei Kindergärten in Nordrhein-Westfalen (1994/95/96)[5].

	Konventioneller Kindergarten	Waldkindergarten
Personal		
Stellenausstattung pro Gruppe	1,5	1,9
Gruppengröße	20 – 25	16 – 20
Personalkosten	3.100 – 5.320 DM	3.810 – 7.010 DM
Bauten		
Baukosten[6]	2.860 – 3.360 DM	330 – 580 DM
Renovierungs- und Umbaukosten	323 – 940 DM	27 – 38 DM
Mieten/Pachten (Brennstoffe)	438 DM	0 DM
Betrieb		
Verwaltungskosten	241 – 3.353 DM	266 – 324 DM
Aus- und Fortbildung	19 DM	21 DM
Spielmaterialien	62 – 98 DM	12 DM

[5] Kindergartenordnung des »Waldkindergarten Freiburg«, Naturschule Freiburg e.V., Rempartstr. 9, 79098 Freiburg

[6] Auf 10 Jahre verteilt, ohne Grundstück und Grunderwerbskosten

Träger
Kommunen, gemeinnützige Elternvereine, Zweckverbände, kirchliche Träger, privatgewerbliche Träger oder Einzelpersonen. Sie müssen als Freie Träger der Jugendhilfe anerkannt sein (§ 75 KJHG, sofern es keine Kommune ist).

Der Waldkindergarten Kassel wird von einer Gesellschaft betrieben. Im Bereich Württemberg-Hohenzollern gibt es fünf kommunale Waldkindergärten. In Freiburg und Lübeck sind die Waldkindergärten in Vereine mit ökologisch-pädagogischer Zielsetzung integriert.

Finanzierung
Das Land gibt einen Gruppenzuschuss. Die Voraussetzungen nach § 8 Kindergartengesetz müssen erfüllt sein:

- Anerkennung als Freier Träger der Jugendhilfe nach § 75 KJHG,
- Vorliegen der Betriebserlaubnis nach § 45 KJHG.
- Da der Waldkindergarten als Einrichtung mit besonderer pädagogischer Ausprägung und überörtlichem Einzugsbereich gilt, kann eine Komplementärförderung durch die Gemeinden auch entfallen.

Die *Gemeinden* treffen Vereinbarungen mit den Trägern über die Höhe des Zuschusses. Die Höhe des Zuschusses ist Verhandlungssache; es gibt keinen Rechtsanspruch (vgl. dazu. »Betriebsformen»). Dieser Umstand führt dazu, dass viele klassische Waldkindergärten sich aus Landesmitteln und Elternbeiträgen finanzieren. Die dabei entstehende Deckungslücke schließen die Institutionen durch zusätzliches Engagement, zum Beispiel durch Verkaufsstände auf Weihnachtsmärkten, Spendenaufrufe, Waldfeste und – noch relativ selten – durch Aktivitäten auf dem Gebiet des Social Sponsoring.

Einige Waldkindergärten befinden sich in kommunaler Trägerschaft. Diese Form ist im Zunehmen begriffen. Sie sind in der Regel finanziell besser ausgestattet.

Die zusätzlichen Aktivitäten mit dem Ziel der Geldbeschaffung fordern von Erziehern und Eltern ein hohes Maß an Engagement und Einsatzbereitschaft. Die Anstellung des Personals erfolgt selten zu 100 Prozent. Es wird meist eine Arbeitszeit von vier Stunden täglich plus zwei Stunden Vorbereitungszeit[7] und Elternarbeit etc. zu Grunde gelegt, so dass es sich in der Regel um 60- bis 80-Prozent-Stellen handelt. Diese Situation ist unbefriedigend. Die Kommunen sollten die Waldkindergärten so weit finanziell unterstützen, dass eine regelmäßige Deckungslücke nicht mehr auftritt und die Fachkräfte in einem festen Anstellungsverhältnis mit den damit verbundenen sozialen Absicherungen beschäftigt werden können.

Elternbeiträge
Je nach finanzieller Grundausstattung der Waldkindergärten ist die Höhe der Elternbeiträge sehr unterschiedlich. Insgesamt ist man bemüht, die Beiträge denen der Regelkindergärten anzugleichen. Der Waldkindergarten soll auch für sozial schlechter gestellte Familien erschwinglich bleiben, sich nicht zum »Kindergarten für betuchte Eltern« entwickeln.

Tipp: Einige Eltern nutzen die Möglichkeit, dem Träger einen Teil ihrer finanziellen Unterstützung als Spende zukommen zu lassen, damit ist die Möglichkeit der steuerlichen Absetzbarkeit verbunden.

Pädagogisches Team

Das Fachteam besteht in der Regel aus zwei Erzieherinnen, die durch eine dritte Kraft unterstützt werden. Aufgrund der knappen finanziellen Ressourcen der Waldkindergärten ist es häufig nur möglich, eine Fachkraft fest anzustellen. Die dritte Kraft wird über einen »Mitgehdienst« organisiert; es sind häufig interessierte Eltern, aber auch Rentner und Vereinsmitglieder. Die Gruppe wird meist von einer ausgebildeten Erzieherin geleitet, selten auch von einer Sozialpädagogin. Als Zweitkräfte arbeiten neben Erziehern auch Heilpädagoginnen, Biologinnen, Forstingenieure, Landwirtinnen, Heilerziehungspflegerinnen – vorwiegend auf Teilzeitbasis. Die Zusammenarbeit mit Kolleginnen aus unterschiedlichen Berufen bereichert das Team-Wissen und kommt so den Kindern zugute.

---

[7] Die Verfügungs- oder Vorbereitungszeit beträgt mindestens 1/5, besser 1/4 der Gesamtarbeitszeit.

Für Anerkennungspraktikanten ist zu klären, ob der zeitliche Rahmen des Waldkindergartens ausreicht. Das Fachpersonal verfügt in der Regel über eine mehrjährige Berufserfahrung[8].
In Gesprächen äußern sich die Mitarbeiterinnen sehr zufrieden über ihre Arbeit. »Entweder man mag's, aber dann 100prozentig, oder man mag's nicht«, meinte eine Teilnehmerin auf der Bundestagung. Die ausgeprägte Arbeitszufriedenheit steht sicher in einem direkten Zusammenhang mit der hohen Identifikation mit den Inhalten der Arbeit im Naturraum.

Mitarbeiterpartizipation in einem Team mit Teilzeitkräften
In einem Team mit vielen Teilzeitkolleginnen, von denen jede nur Ausschnitte des Gesamtablaufes im Waldkindergarten erlebt, ist eine gute Kommunikationskultur von besonderer Bedeutung. Am Anfang jedes Kindergartenjahres sollte deshalb ein Planungstag stehen, bei dem alle Teilzeitkräfte anwesend sind. Die Festlegung der kurz-, mittel- und langfristigen Ziele bildet das Planungsgerüst.

Es ist genau zu definieren, wie, wo und in welchem Zeitrahmen die »Übergabe«, die Weitergabe von Informationen aus der täglichen Waldkindergartenarbeit, erfolgen soll. Bei Elternabenden, möglichst auch bei Elternbeiratssitzungen und den in der Regel 14tägig stattfindenden Teambesprechungen sollten die Teilzeitmitarbeiterinnen anwesend sein. Wichtige Inhalte aus Elterngesprächen sind ebenfalls an die Teilzeiterzieherinnen weiterzuleiten. Wenn eine Teilzeitkraft ausfällt, springt nach Möglichkeit eine andere ein und erhält dafür einen Arbeitsausgleich. Vor Festen und Veranstaltungen wird die Anwesenheit der in Teilzeit arbeitenden Kolleginnen oft ebenso notwendig sein. Es ist anzustreben, dass die Teilzeitstellen in Vollzeitstellen umgewandelt werden.

Die festangestellte Erzieherin im Waldkindergarten hat in einem Team mit Teilzeitkräften die wichtige und nicht immer leichte Aufgabe, den Informationsfluss zu gewährleisten und Raum und Zeit zur »Gemeinschaftspflege« zu finden. Ein Teamausflug, das gemeinsame Essengehen und anderes können die Grundlage für eine fruchtbare Teamarbeit schaffen und erhalten.

[8] Den Daten liegen zugrunde: Selbstdarstellung von 27 Wald- und Naturkindergärten im Verzeichnis der Wald- und Naturkindergärten in Deutschland. Wetzlar 1997

Indikatoren für Träger-Qualität (TQ)[9]

Im Gegensatz zu den unter kommunaler oder kirchlicher Trägerschaft stehenden Regelkindergärten arbeiten die im Trägerverein aktiven Vorstandsmitglieder (häufig Eltern) im klassischen Waldkindergarten ehrenamtlich. Spannungen sind dadurch oft nicht zu vermeiden. Ursachen dafür sind zum Beispiel:

- Die Erwartungshaltung der sich in ihrer Freizeit stark engagierenden Vorstandsmitglieder an die Erzieherinnen. Wird von deren Seite das gleiche Engagement, auch über die eigentliche Arbeitszeit hinaus, erwartet, kann dies zu Spannungen führen.
- Sind im Vorstand vorwiegend Eltern, schwingt bei jeder Entscheidung und Bewertung eine persönliche Betroffenheit mit.
- Die nach einem relativ neuen pädagogischen Ansatz arbeitenden Erzieherinnen sind in zweifacher Hinsicht gefordert:
  im Betreten neuer Wege,
  in der Zusammenarbeit mit zum Teil schlecht informierten Trägervereinen.

Beim letztgenannten Punkt macht sich das Fehlen eines informierenden, koordinierenden Dachverbands bemerkbar. Hier besteht Handlungsbedarf auf Landes- und Bundesebene!

Die wichtigste Aufgabe des Trägervereins ist die Schaffung von verlässlichen Rahmenbedingungen für eine der konzeptionellen Zielsetzung entsprechende pädagogische Arbeit mit dem Kind. Dafür sollten folgende Voraussetzungen erfüllt sein:

Spezifizierung und Zuordnung der Aufgabenbereiche im Vorstand

Qualitätsmerkmal:
Durchschaubare Strukturen und geklärte Verantwortungsbereiche

Jeder Trägerverein sollte spätestens in der Gründungsphase überlegen, wie die anfallenden Aufgaben möglichst rationell und ressourcenorientiert unter Berücksichtigung der besonderen Fähigkeiten, Fertigkeiten, Beziehungen der Vorstandsmitglieder verteilt werden.

---

[9] Vgl.: Kronberger Kreis für Qualitätsentwicklung in Kindertageseinrichtungen: Qualität im Dialog entwickeln. Wie Tageseinrichtungen besser werden. Seelze 1998

Dabei bieten sich erfahrungsgemäß folgende Bereiche an:
- Kassenwart
- Schriftführer
- Öffentlichkeitsarbeit
- Mittelbeschaffung/Personalführung

Indikatoren

Qualitätsmerkmal: Wahrnehmung der Aufgaben im Bereich der Finanzen

Der Trägerverein hat die haushaltsrechtliche Verantwortung.
Er delegiert bestimmte Aufgaben an den Kassenwart (mit * gekennzeichnet).
- Schaffung verlässlicher finanzieller Rahmenbedingungen durch Sicherung der für die Betriebsführung notwendigen Mittel,
- Auszahlung der Gehälter*,
- Antragstellung (Kommunen, LJA)*; Kenntnis rechtlicher Regelungen*,
- Festsetzung der Eltern- und Mitgliedsbeiträge,
- Information der neuen Eltern über die finanziellen Bedingungen der Betriebsführung*,
- Erschließung zusätzlicher Geldquellen/Spender- und Sponsorenpflege,
- Dokumentation der betriebswirtschaftlichen Vorgänge, konsequente Nutzung EDV-gestützter Verfahren*,
- Kostentransparenz durch regelmäßige Information des Vorstandes und der Mitglieder (Mitgliederversammlung)*,
- Festsetzung der Zahlung zusätzlicher Vergütungen; unter anderem Honorar für Führungen außerhalb der Arbeitszeit, Weihnachtsgeld*,
- Mittelbereitstellung für Fortbildung und Informationsmaterial (Bücher etc.),
- Vergabe von Freiplätzen an Bedürftige,
- Teilnahme an Ratssitzungen/öffentlichen Veranstaltungen, bei denen es um die Diskussion und/oder Festsetzung von Mittelzuweisungen geht*.

Qualitätsmerkmal: Wahrnehmung der Aufgaben im Bereich der Personalplanung und -führung

- Personalbedarfsplanung (mittel- und langfristig)
- Personaleinstellung:
  gezielte Suche nach Personal durch Annoncen, Nachfrage bei Verbänden/anderen Einrichtungen,
  Planung und Durchführung von Vorstellungsgesprächen in Abstimmung/Zusammenarbeit mit dem pädagogischen Team,
  sorgfältige Auswahl.
- Abschluss von Arbeitsverträgen
- Entgegennahme von Kündigungen, Krankmeldungen
- Leistungsbeurteilung – das Zeugnis kann vom Arbeitgeber oder einer Vertretung ausgestellt werden (wenn der Vertreter enger mit der Arbeitnehmerin zusammenarbeitet)[10].

Unzureichend geklärte Arbeitsbedingungen sind häufig Anlass für Spannungen zwischen Trägervertretern und angestellten Erzieherinnen. Die Trägervertreter sind gut beraten, sich gerade für diesen Bereich der Personalführung ausreichend Zeit zu nehmen, denn »wichtige Dinge nur halb zu tun, ist nahezu wertlos, denn meistens ist es die andere Hälfte, die zählt«.[11]

Diskussion und Ausarbeitung genauer Stellenbeschreibungen:
- Dienstplangestaltung
- Arbeitszeit (am Kind; Vorbereitungszeit vgl. S. 154)
- Gewünschte Teilnahme an Veranstaltungen des Trägers – Art und Umfang?
- Überstunden/Bezahlung – Ausgleich
- Urlaubstage und -verteilung
- bei Teilzeitkräften: Zahl bezahlter Fehltage/Verrechnungsmöglichkeiten
- Zahl der für Fortbildungen zur Verfügung stehenden Tage – Kostenübernahme?
- Übernahme und Vergütung von Führungen/Fortbildungsveranstaltungen im Waldkindergarten

[10] Schulz, Georg R.: Alles über Arbeitszeugnisse. München 1997; Höfers-Richter, Petra: Arbeitszeugnisse schreiben, Rechtsgrundlagen – Zeugnistypen, Niedernhausen 1998
[11] Emil Oesch: Menschen

- Weitere außertarifliche Vergütungen; Art und Umfang?
- Zahl der Teamgespräche, Elterngespräche, Elternabende, Teilnahme an Vorstandssitzungen
- Entwicklung einer Konzeption zur qualifizierten Anleitung von Praktikanten mit dem pädagogischen Team
- Angebot zur Fort- und Weiterbildung
- Qualifizierung des Personals zu kompetenten Fort- und Weiterbildnern
- Suche nach geeigneten Konsultationseinrichtungen
- Anlegen eines Info-Pools mit Büchern, Zeitungen, relevanten Mitschnitten von Filmen etc.
- Abschluss einer Haftpflichtversicherung; unter Umständen Klärung weiterer Haftungsfragen
- Verhalten des Personals bei Notfällen/Unfällen; regelmäßige Auffrischungskurse in Erster Hilfe
- Erfragung der Zufriedenheit der Mitarbeiter/Initiierung einer fachlichen Selbsteinschätzung
- Pflege von Gemeinsamkeit (Mitarbeiterfest, Weihnachtsfest, gemeinsamer Jahresausflug etc.)
- Qualifizierung der Mitarbeiter für bestimmte Vorhaben/Gebiete (zum Beispiel Besuch eines Fotokurses)

Der Trägerverein und das Team sollten sich darüber abstimmen, welche *Fragen im Rahmen eines Einstellungsgesprächs* gestellt werden sollten, um eine geeignete Erzieherin zu finden/auszuwählen. Hierzu einige Anregungen:
Wenn wir wollen, dass eine Erzieherin in der Lage ist, sich empathisch zu äußern, sollte ihr auch im Einstellungsgespräch Gelegenheit dazu gegeben werden. Eine mögliche Frage wäre die Frage danach, was sie besonders begeistert.
Andere mögliche Fragen an Bewerberinnen:

- Ihre Stärken
- Ihre Erwartungen an das Team und an den Träger
- Welcher pädagogische Ansatz entspricht Ihrer Arbeit am ehesten?
- Art und Umfang der besuchten Fortbildungen; Zusatzqualifikationen
- Welche Fragen haben Sie an uns?

- Welche Bedeutung hat der Umgang mit der Natur für Sie?
- Der Hinweis auf die sogenannten Hundstage sollte nicht fehlen; der Waldkindergarten ist kein »Schönwetterkindergarten«.
- Was weiß die Bewerberin bereits über Waldkindergärten allgemein und speziell über diese Einrichtung? Hat sie an Festen/Veranstaltungen/Fortbildungen teilgenommen?

Fragen an eine Kindergartenleitung bzw. angehende Leitung:
- Welche neuen Aufgaben/Anforderungen suchen Sie?
- Warum suchen Sie eine neue Leitungsstelle?
- Sind Sie an einer fortlaufenden Konzeptionsentwicklung interessiert?
- Haben Sie bereits Erfahrung in der Konzeptionsentwicklung?
- Ist Ihnen unsere Konzeption bekannt?
- Welchen Stellenwert hat für Sie Teamarbeit?
- Sind Sie vertraut mit der Delegation von Aufgaben?
- Welche Fachbücher/Zeitschriften geben Ihnen Impulse für Ihre Arbeit?
- Sind Sie mit verschiedenen Führungsstilen vertraut?

Jede Bewerberin, die sich im Waldkindergarten vorstellt, hat Anspruch auf ein gut vorbereitetes Einstellungsgespräch.

Qualitätsmerkmal:
Professionelle Vertretung und Darstellung der im Waldkindergarten geleisteten Arbeit in der Öffentlichkeit

Gerade für den Waldkindergarten als relativ junge und in weiten Teilen der Bevölkerung unbekannte pädagogische Einrichtung ist die Öffentlichkeitsarbeit – insbesondere auf regionaler Ebene – von besonderer Bedeutung. Eine informierte Öffentlichkeit beeinflusst die Chancen positiv, Gelder aus kommunalen Zuschusstöpfen zu bekommen. Gemeinderatsmitglieder vertreten diese Öffentlichkeit und können einen »präsenten« Waldkindergarten auf lange Sicht nicht ignorieren.

Eine gute Öffentlichkeitsarbeit setzt Kenntnisse voraus und ist so arbeitsintensiv, dass mindestens drei Personen auf diesem Gebiet kompetent agieren sollten.

Tipps für eine gute Pressemitteilung:

Inhalt

- Keine langen Schachtelsätze. Punkt und Absatz machen den Text leicht les- und redigierbar.
- Beim Schreiben davon ausgehen, dass es sich bei den Lesern um »Nicht-Eingeweihte« handelt.
- Beantwortung der vier W-Fragen: Wer, was, wo, wann? Bei Erklärungsbedarf auch: Wie? Warum?
- Das Neue, Wichtige steht am Anfang; keine Floskeln (der Vorsitzende begrüßte ..). Die Bedeutung der Ereignisse bestimmt den Artikelaufbau.
- Informative Headline (Kurztitel: Waldtag in Bad Liebenzell)
- Aktiv ist besser als Passiv, Verben sind ausdrucksstärker als Substantive (»Der Waldkindergarten feierte den ganzen Tag auf dem Hörnle.« klingt besser als »Vom Waldkindergarten wurde eine ganztägige Feier auf dem Hörnle veranstaltet.«)
- Wertungen und kommentierende Formulierungen gehören nicht in eine Pressemitteilung.
- Immer in der dritten Person schreiben (auch als selbst Beteiligter).
- Im Text keine Anreden verwenden, immer Vor- und Nachnamen angeben.
- Keine Abkürzungen verwenden.
- Auf Aktualität achten! Mit Kürzungen muss immer gerechnet werden.

Form

- Mit der Schreibmaschine oder dem Computer auf DIN-A4-Papier schreiben.
- Weiten Zeilenabstand wählen.
- 40 Anschläge pro Zeile; Rand lassen.
- Oberes Drittel der Seite nicht beschriften (Platz für Anmerkungen der Redaktion etc).
- Name, Anschrift und Telefonnummer für Rückfragen nicht vergessen.
- Wichtig: In der Kürze liegt die Würze. Vorankündigungen dürfen höchstens 40 Zeilen lang sein, Berichte 90 Zeilen (mit jeweils ca. 40 Anschlägen).

- Immer gut: Ein Foto (Abzüge oder Negativ-Streifen, die eingescannt werden).

Generell sind gute Kontakte zur Redaktion wichtig. Dazu gehören ein persönlicher »Antrittsbesuch« mit Informationen über den Waldkindergarten und regelmäßige Einladungen zu Waldfesten.
Vorteilhaft ist auch ein »Waldkindergarten-Logo«.

Tipp: Übernahme der Logo-Entwicklung durch eine ortsansässige Werbefirma auf Sponsorenbasis.

Weitere Merkmale einer qualifizierten Öffentlichkeitsarbeit:

- Hospitierende Schulen/Gruppen/Einzelpersonen als Werbeträger nutzen
  Wichtig: Öffentlicher Dank an Spender und Sponsoren, zum Beispiel durch einen Aushang im Kindergarten
- Ausstellungen (siehe dazu Hinweise unter »Vernetztes Arbeiten«)
- Anlegen eines Info-Pools mit
  Daten zur chronologischen Entwicklung ihrer Einrichtung,
  Bildband »Unsere Geschichte«,
  Festhalten von bestimmten Projekten in gesonderten Ordnern (können bei der Praktikantenbetreuung, Publikationen etc. eingesetzt werden).
  Die vorgenannten Informationen können bei entsprechenden Anlässen ausgelegt und so der Öffentlichkeit zugänglich gemacht werden.
- Ausstellung von Kinderarbeiten oder Ergebnissen von »Kunst in Waldtagen« in geeigneten, gut besuchten Räumen in der Gemeinde und überörtlich,
- Herstellung eines Kalenders (doppelter Gewinn: Werbung und Geldquelle),
- Information der Fachöffentlichkeit durch gezielte Anschreiben,
- Einladung der Fachöffentlichkeit in die Einrichtung (Fachberater, Psychologen, Pädagogen, Ergotherapeuten, Sprachtherapeuten, Sozialwissenschaftler, etc.),
- Informationen der »ehemaligen« und jetzigen Mitglieder und Eltern durch halbjährlich oder jährlich erscheinendes Info-Heft.

Qualitätsmerkmal:
Familienorientierung und Elternarbeit

Die Zusammenarbeit mit den Erziehungsberechtigten beginnt für den Träger und für das pädagogische Team damit, bestimmte familiale Lebensformen und Kulturen nicht zu diskrimieren.

Zu einer positiven, beziehungsreichen, vertrauensfördernden Familienorientierung gehören

- Regelmäßige, verständliche Information der Eltern über die im Waldkindergarten stattfindenden Aktivitäten, Weitergabe von Texten der gesungenen Lieder. Lustige Begebenheiten und Kinderanekdoten[12] erzählen.
- Freundliche Begrüßung/Verabschiedung bei der »Übergabe« der Kinder; die sogenannten Schrankengespräche (in Bad Liebenzell findet die Übergabe an einer Wegschranke statt).
- Regelmäßige Gespräche über die Entwicklung des Kindes; Abschlussgespräch.
- Elternforum, das heißt: Zeit und Raum für Mitteilungen zwischen den Eltern.
- Elternkritik – wichtig und notwendig!

(Weitere Punkte im Kapitel Offene Elternarbeit.)

Qualitätsmerkmal:
Weiterentwicklung und Evaluation

Für die Waldkindergärten heißt Weiterentwicklung auch und vor allem Forschung. Die Träger und das pädagogische Team sollten, wo möglich, Kontakte zu Forschungseinrichtungen und zur Fachöffentlichkeit suchen. Es geht darum, die Auswirkungen der autonom strukturierten Natur auf das Sprachverhalten, Sozialverhalten, die psychomotorische Entwicklung, den späteren Bezug zur Natur und anderes zu untersuchen.

[12] Ein Kind erzählt einem Nachbarkind vom Waldkindergarten: »Ja, aber ihr habt ja gar keine Spielsachen«, stellt das Kind aus dem Regelkindergarten fest. »Doch, wir haben ganz viele Stöcke«, erwidert das Kind aus dem Waldkindergarten.

- Um auch Langzeituntersuchungen zu ermöglichen, sollten die Adressen der Kinder in jedem Fall aufgehoben werden.
- Weiterentwicklung wird durch konstruktive Kritik angeregt. Deshalb sollten alle im Waldkindergarten Beschäftigten und die Eltern regelmäßig Gelegenheit erhalten, Kritik zu äußern und Verbesserungsvorschläge einzubringen (Selbstreflexion).
- Das Team sollte sich mit Methoden der Selbstevaluation[13] vertraut machen. Die Selbstevaluation geht über die Feststellung des Ist-Zustandes bis zur gezielten Weiterentwicklung innerhalb der Einrichtung. Dazu gehört zum Beispiel die fortlaufende Weiterentwicklung der Konzeption.
- Gezielte Befragung der Eltern und des Teams können hier wichtige Hinweise geben.
- Wenn eine Person oder Institution den Blick »von außen« auf die Institution Waldkindergarten wirft, spricht man von Fremdevaluation[14]. Eine Fremdevaluation kostet Geld.

Tipp

Einen Vertrag mit einer an einer Untersuchung im Waldkindergarten interessierten Forschungseinrichtung abschließen, in dem diese sich dazu verpflichtet, eine Fremdevaluation durchzuführen. Generell können die im Rahmen eines Forschungsprojektes erhobenen Daten in die Fremdevaluation einfließen.

- Gegenseitige Hospitationen von Mitarbeiterinnen aus Waldkindergärten untereinander dienen ebenfalls der Fremdevaluation, wenn sie strukturierte, möglichst standardisierte (und damit vergleichbare) Beobachtungskriterien anwenden.
- Ebenso können qualifizierte Ausbildungseinrichtungen (Fachschulen für Sozialpädagogik oder Fachschulen für Organisation und Führung) durch ihre besondere/andere Sichtweise wichtige Hinweise geben.
- Anregung/Anfrage an eine Fachschule für Sozialpädagogik oder Fachschule für Organisation und Führung, ob Interesse besteht,

[13] Vgl. Kronberger Kreis für Qualitätsentwicklung in Kindertageseinrichtungen, a.a.O., S. 141
[14] Ebenda

zu einem bestimmten (den Waldkindergarten interessierenden) Thema eine Jahresarbeit zu schreiben. Auch für die Ausbildungsstätten ist es ein Gewinn, wenn eine Arbeit durch ihre Praxisrelevanz Konsequenzen hat.

- Supervision ist für finanziell schlecht ausgestattete Waldkindergärten ein »Luxus«, kann aber bei schwerwiegenden Meinungsverschiedenheiten im Team (hier ist der Träger überfordert) oder zwischen Team und Träger unumgänglich sein.
- Die Fachkräfte sollten befähigt werden, eigene Untersuchungen und Beobachtungen durchzuführen. Es gibt in Fachbüchern standardisierte Beobachtungsbögen zu verschiedenen Fragestellungen, von denen einige im Naturraum angewendet werden können. Es bedarf jedoch für bestimmte Fragestellungen neuer Beobachtungsbögen, die die autonome Struktur des Naturraums berücksichtigen.
- Hier wäre ein Dachverband gefordert, der geeignetes Material entwickeln lassen und den Einrichtungen zur Verfügung stellen könnte.

Der Wald- und Naturkindergarten als Teil des Gemeinwesens – Qualitätsmerkmal: Vernetztes Arbeiten

Grundlagen

Vernetztes Arbeiten setzt voraus, dass die Institution Waldkindergarten sich dem Gemeinwesen gegenüber öffnet, transparent wird und ihre Visionen, Ziele und Arbeitsinhalte in verständlicher Form der Öffentlichkeit zugänglich macht. Dies setzt voraus, dass Träger, Team und Eltern Vorarbeit leisten:

- eindeutige Zielformulierung,
- Festlegung der Verfahren, mit denen diese Ziele erreicht werden sollen,
- Sicherstellung von Rückkopplungsmöglichkeiten.

Die Konzeption und die Bedingungen zu ihrer Umsetzung sollten in einem ständig reflektierten Prozess weiterentwickelt werden. Die wertvolle pädagogische Arbeit, die geleistet wird, sollte nicht »im Verborgenen blühen«. Das bedeutet auch, sich rechtzeitig Gedanken über die begleitende schriftliche Dokumentation der Entwicklungsprozesse zu machen. Gegenseitige Besuche von Mitarbeiterinnen aus Waldkindergärten können helfen, den Blick über den Tellerrand der eigenen Arbeit hinaus auf die Arbeit der anderen zu richten.

Das Team und seine Ressourcen

Bei der Aufteilung von Zuständigkeitsbereichen und Aufgaben einzelner Teammitglieder ist die Kenntnis der Ressourcen eine große Hilfe. Wer kann etwas besonders gut, hat auf einem Gebiet besondere Fähigkeiten? Oder: Wer möchte auf einem Gebiet neue Erfahrungen sammeln, auf dem er sich bisher weniger kompetent fühlte? Wer könnte wie Hilfe geben?

Die Eltern und ihre Ressourcen

Offene Elternarbeit eröffnet vielfältige Möglichkeiten der Begegnung zwischen der Erzieherin und dem Vater/der Mutter. Sie verschafft Einblicke in die Ressourcen der Eltern. Man erfährt etwas über Hobby, Beruf, besondere Beziehungen und Neigungen.

Auf der Grundlage einer guten Beziehung können Eltern gebeten werden, sich mit ihren Fähigkeiten für ein bestimmtes Projekt einzusetzen.

Das Netzwerk

Zunächst sollte das Bewusstsein dafür entwickelt werden, wie vielfältig die Außenkontakte des Waldkindergartens und damit die Einfluss- und gemeinsamen Gestaltungsmöglichkeiten sind. Wichtigstes Bindeglied zwischen den Teilen des Beziehungsgeflechts, des Netzwerks, ist dabei die Kommunikation.

Der Waldkindergarten hat Kontakte zu

Fachschulen	Praktikanten
anderen Kindertagesstätten	Besuchern, hospitierenden Kollegen
Jugendamt	Eltern, Geschwistern
Kirche	Gemeinde- und Stadtverwaltung
Stadtkämmerei	Vereinsmitgliedern
Fachberatung	Dachverbänden
Frühförderstelle	Ärzten

Landeswohlfahrtsverband	Förstern
Verbindungslehrern der Grundschule	Privatwaldbesitzern
Grundschulförderklassen	Nachbarn
Eltern- u. Erziehungsberatungsstellen	Großeltern, Freunden der Familie
Bank	Fortbildungsinstitutionen
Presse	Gesundheitsamt
usw.	

Im zweiten Schritt ist zu überlegen, welche *Qualität* diese Kontakte haben.

Beispiel: Qualität des Kontakts Bankinstitut – Kindergarten

- aus der Sicht des Bankinstitutes:
  Der Kunde Waldkindergarten nimmt Konto und eventuell Kredit in Anspruch, legt Geld bei uns an.
- aus der Sicht des Waldkindergartens:
  Die Bank bietet Kontoführung, Überweisungen und anderes.

Im dritten Schritt wäre zu diskutieren, ob diese qualitativen Merkmale eine *Basis* sein können/sollen *für weitergehende Kontakte*. Welche Möglichkeiten der Zusammenarbeit stecken noch in dieser Beziehung?

Der Kontakt zur Hausbank wird vom Waldkindergarten dazu genutzt, um ein Gespräch über die Möglichkeit der Benutzung von Schaukästen zur Selbstdarstellung zu führen. Mögliches Thema: Der Waldkindergarten – kein Schönwetter-Kindergarten.

Ein Techniker der Bank legt den Ton eines im Winter gedrehten 30-Minuten-Videos (Spielszenen im verschneiten Wald) in die Eingangshalle. Viele Besucher können sich nun ein Bild von der Institution Waldkindergarten machen. Große Bilder, selbstgestaltete Objekte, Konzeption und Spendenaufruf vervollständigen die Selbstdarstellung.

Vernetzte Öffentlichkeitsarbeit

Wirken im Gemeinwesen – das heißt für den Waldkindergarten vor allem, aktiv Anteil zu nehmen am Geschehen in der Gemeinde/Nachbarschaft.

Der Waldkindergarten könnte hier aufgrund seiner pädagogischen Ausrichtung Akzente setzen.
Beispiele:
- Welche natürlichen Ressourcen hat unsere Gemeinde?
- Welche sind bedroht?
- Welche sind pflege- und unterstützungsbedürftig?
- Wo gibt es Naturdenkmäler oder Naturschutzgebiete?

Das pädagogische Team kann sein Wissen an interessierte Institutionen und Einzelpersonen weitergeben und den Dialog suchen.
Beispiele:
- gemeinsame Projekte mit Grundschulklassen (vgl. »Waldputztag« im Anhang), Beispiel: Grundschüler interviewen Waldkindergartenkinder.
- Informationsveranstaltungen für andere Regelkindergärten.
- Dia-Vortrag im Altenheim; Kinder berichten von ihren Erlebnissen in der Natur, die älteren Mitbürger erzählen von ihren Erinnerungen an Spiele in der Natur.
- Teilnahme an vom Forstamt initiierten »Waldtagen«.
- Vorträge an Fachschulen für Sozialpädagogik.
- Übernahme eines Tages im »Sommerferienprogramm« für Kinder und Jugendliche.
- Falls die Gemeinde/Stadt Touristen beherbergt: Angebot einer Zusammenarbeit, Mitgestaltung einer Pauschalwoche für Familien: »Der Natur auf der Spur«.
- Zusammenarbeit mit einem örtlichen Fotogeschäft: Herausgabe eines Waldkindergarten-Kalenders. Das Geschäft stellt die technischen Geräte zur Verfügung.
- Mit den Privatwaldbesitzern klären: Was tun sie für die Pflege des Waldes, was können wir beitragen?
- In Zusammenarbeit mit den Eltern und Jugendberatungsstellen: Ausstellung zum Thema »Kind und Natur«.
- Podiumsdiskussion, etwa zum Thema »Wieviel Natur brauchen unsere Kinder?«
- Information der Fachberatung über laufende Projekte.
- Einladung der Privatwaldbesitzer, Förster und nächsten Waldnachbarn zu einer Waldaufführung der Kinder.

- Mit der Kirchengemeinde Gestaltung des Erntedank-Gottesdienstes.
- Einladung eines Ornithologen; vogelkundliche Führung im Waldkindergartengebiet für Interessierte.
- Projekt in Zusammenarbeit mit einer Fachschule für Sozialpädagogik.
- Dichterlesungen zum Thema »Natur« im Waldkindergarten.
- Literaturworkshop in der Natur.

Möglichkeiten gibt es viele. Letztlich kommen die Aktivitäten auch den Kindern und ihren Familien zugute. Sich gemeinsam für eine gute Sache engagieren, das schafft Gemeinschaftserlebnisse und stärkt das Bewusstsein für die Macht der Kommunikation und der Vision.

XI. Wie gründe ich einen Waldkindergarten?

1. Die Wahl der geeigneten Rechtsform

Für Wald- und Naturkindergärten, die sich nicht in kommunaler oder kirchlicher Trägerschaft befinden (insbesondere für die Waldkindergärten klassischer Ausprägung), sollten sich die Initiatoren über die Vor- und Nachteile unterschiedlicher Rechtsformen informieren.

Empfehlenswert ist auch der Besuch von Existenzgründungsseminaren, die von den örtlichen Industrie- und Handelskammern kostenlos angeboten werden. Dort bekommt man umfangreiches Informationsmaterial. Die Berater berücksichtigen meist die besonderen Bedingungen der anwesenden Existenzgründer. Deshalb ist die Teilnehmerzahl in der Regel begrenzt, so dass sich eine rechtzeitige Anmeldung empfiehlt.

Für die Erteilung der Betriebserlaubnis ist die Gesellschaftsform unerheblich. Allerdings ist die *Anerkennung als Träger der freien Jugendhilfe* immer Voraussetzung für die Eröffnung eines Kindergartens.

Die Voraussetzungen sind definiert im § 75 des Kinder- und Jugendhilfegesetzes:

§ 75 Anerkennung als Träger der freien Jugendhilfe
(1) Als Träger der freien Jugendhilfe können juristische Personen und Personenvereinigungen anerkannt werden, wenn sie

1. auf dem Gebiet der Jugendhilfe im Sinne des § 1 tätig sind,
2. gemeinnützige Ziele verfolgen,
3. aufgrund der fachlichen und personellen Voraussetzungen erwarten lassen, dass sie einen nicht unwesentlichen Beitrag zur Erfüllung der Aufgaben der Jugendhilfe zu leisten imstande sind und

4. die Gewähr für eine den Zielen des Grundgesetzes förderliche Arbeit bieten.

(2) Einen Anspruch auf Anerkennung als Träger der Freien Jugendhilfe hat unter den Voraussetzungen des Absatzes 1, wer auf dem Gebiet der Jugendhilfe mindestens drei Jahre tätig gewesen ist.

(3) Die Kirchen und Religionsgemeinschaften des öffentlichen Rechts sowie die auf Bundesebene zusammengeschlossenen Verbände der freien Wohlfahrtspflege sind anerkannte Träger der freien Jugendhilfe.

Erläuterungen zum § 75
Öffentliche und freie Jugendhilfe

Öffentliche Träger		Freie Träger
im engeren Sinn	im weiteren Sinn	
Jugendamt	Polizei	freie Vereinigungen der Jugendwohlfahrt
Landesjugendamt	Schule	Jugendverbände
überörtliche Trägerschaften	Gesundheitsamt und viele weitere Behörden	Kirchen und sonstige Religionsgemeinschaften
	§ 81 KJHG (Kinder- u. Jugendhilfegesetz als 8. Buch des Sozialgesetzbuchs)	private Personen
		juristische Personen

Die öffentlichen Träger nehmen alle behördlichen Aufgaben im Zusammenhang mit der Jugendhilfe wahr; sie tragen die Gesamt- und Planungsverantwortung.

Die freien Träger übernehmen alle Aufgaben, die nicht von Behörden wahrzunehmen sind.

Welche freien Träger der Jugendhilfe gibt es?

Die Arbeit der öffentlichen Träger wird ergänzt durch die Tätigkeit der freien Träger mit einer Vielfalt unterschiedlicher Wertorientierungen, Methoden und Arbeitsformen.
Die freien Träger müssen nach § 75 Abs. 1 KJHG anerkannt werden.

Kirchen und Religionsgemeinschaften sowie bestimmte Wohlfahrtsverbände sind bereits durch Gesetz anerkannt (§ 75 Abs. 3 KJHG).

Das KJHG verzichtet im Gegensatz zum außer Kraft getretenen Jugendwohlfahrtsgesetz (JWG) auf eine Aufzählung möglicher freier Träger und ist damit für neue Entwicklungen offen.

Nach dem JWG gab es vier Gruppen freier Träger:

a) freie Vereinigungen der Jugendwohlfahrt
- Diakonisches Werk der evangelischen Kirche
- Deutscher Caritasverband der katholischen Kirche
- Zentralwohlfahrtsstelle der Juden in Deutschland
- Arbeiterwohlfahrt
- Deutsches Rotes Kreuz
- Deutscher Paritätischer Wohlfahrtsverband, ein Zusammenschluss einer Reihe weiterer Verbände, die soziale Aufgaben wahrnehmen.

b) Jugendverbände und sonstige Jugendgemeinschaften
- die großen konfessionellen Verbände der evangelischen und katholischen Jugend
- die Gewerkschaftsjugend
- die Falken
- der Deutsche Pfadfinderverbund
- Jugendgemeinschaften auf örtlicher Ebene

c) Juristische Personen
- Vereine, Stiftungen, die die Jugendwohlfahrt fördern
- Träger von Heimen und sonstigen Einrichtungen

Die juristischen Personen müssen die rechtlichen Voraussetzungen für die entsprechende Rechtsform erfüllen, zum Beispiel die Eintragung eines Vereins im Vereinsregister.

d) Kirchen und sonstige Religionsgemeinschaften
Ein Teil der kirchlichen Aktivitäten in der Jugendpflege wird vom Diakonischen Werk und vom Caritasverband wahrgenommen. Diese zählen zu den Spitzenverbänden der freien Wohlfahrtspflege. Daneben gibt es aber noch Träger der Jugendhilfe in den Kirchengemeinden, sozusagen an der Basis, die Kindergärten einrichten und betreiben. Neben den beiden großen Kirchen, der evangelischen und katholischen, gibt es nach Landesrecht noch andere anerkannte Religionsgemeinschaften.

Die Zusammenarbeit zwischen öffentlichen und freien Trägern ist historisch gewachsen und hat sich bewährt. Sie bringt für den Staat, also die öffentlichen Träger, Vorteile:

- Finanzielle Entlastung, da freie Träger nur einen Zuschuss erhalten.
- Freie Träger sind häufig flexibler und können eher auf neue Bedürfnisse eingehen, was sich an den vorwiegend in freier Trägerschaft arbeitenden Waldkindergärten als Ausdruck einer neuen pädagogischen Strömung zeigt.

Was sind juristische Personen? Erläuterungen zum § 75(1)

(1) Juristische Personen:
Der rechtsfähige Verein nimmt wie eine natürliche Person (so bezeichnet das bürgerliche Recht den Menschen) am Rechtsleben teil. »Er gehört zu den *juristischen Personen des Privatrechts*. Die juristischen Personen können mit natürlichen Personen Rechtsgeschäfte abschließen... sie können auch untereinander Rechtsgeschäfte abwickeln.« (Ein Verein kann von einem anderen etwas kaufen etc.)

Juristische Personen des Privatrechts tauchen in verschiedenen Rechtsformen auf: GmbH (Gesellschaft mit beschränkter Haftung), rechtsfähige Stiftungen im Sinne des BGB §§ 80 ff.(Bürgerliches Gesetzbuch), Aktiengesellschaften, Gesellschaften mit beschränkter Haftung.

Daneben gibt es *juristische Personen des öffentlichen Rechts*: der Staat als Hoheitsträger, die Kirchen, die Gemeinden, Zweckverbände und öffentlich-rechtliche Anstalten. Die juristische Person ist also eine Fiktion des Gesetzgebers.

Wichtige Grundsätze:

- Eine juristische Person wird wie eine natürliche Person behandelt, ist also rechtsfähig (Träger von Rechten und Pflichten).
- Eine juristische Person handelt durch Organe (bzw. verfassungsmäßig berufene Vertreter – vgl. §§ 89, 31 BGB).
- Die Konstruktion führt zu einer Rechtsvereinfachung und bedeutet eine Organisationserleichterung. Außerdem ist die Existenz (z.B. eines e.V.) personenunabhängig, was eine relativ dauerhafte Existenz sichert. Daran ist der Gesetzgeber interessiert, weil dies eine kontinuierliche, verlässliche pädagogische Arbeit und Betreuung durch die freien Träger begünstigt.
- Haftung: grundsätzlich haftet nur die juristische Person und nicht die dahinterstehenden natürlichen Personen. Bei bestimmten Betriebsformen ist dies anders bzw. wird die Haftung von natürlichen Personen vom Betrag her begrenzt (siehe auch »unterschiedliche Rechtsformen»).
- Bei juristischen Personen muss die Form schriftlich festgelegt und vom Staat anerkannt sein. (Der Verein wird durch Eintrag ins Vereinsregister zur juristischen Person.)

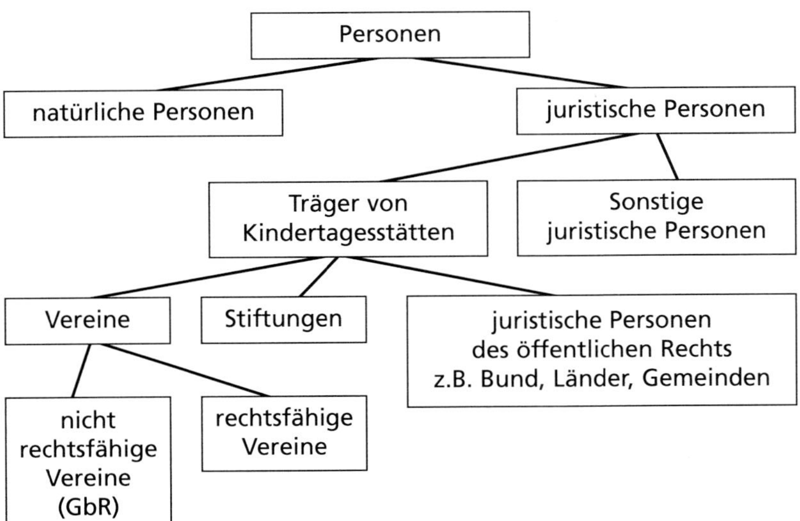

[1] »Wie gründe und leite ich einen Verein?«, München 1998, S. 18

Anspruch auf Anerkennung als Träger der freien Jugendhilfe Erläuterungen zum § 75(2) und (3)

Aus dem 2. Absatz geht hervor, dass *ein Anspruch* auf Anerkennung als Träger der freien Jugendhilfe erst nach drei Jahren besteht.

Hier hat der Gesetzgeber einen zeitlichen Spielraum vorgesehen, der es den erteilenden Instanzen erlaubt, im Einzelfall je nach besonderer Sachlage zu entscheiden.

Die erteilenden Kreis- bzw. Landesjugendämter werden darauf achten, dass die Erteilung nur/erst dann erfolgt, wenn

- eine solide finanzielle Basis nachgewiesen werden kann,
- eine kontinuierliche pädagogische Arbeit zu erwarten ist,
- eine Konzeption vorgelegt wird, die dies erwarten lässt und die von ihren Inhalten her mit den Zielen des Grundgesetzes zu vereinbaren ist.

Da, wo dies nicht sicher erscheint, wird /kann die Dreijahresfrist in jedem Falle voll ausgeschöpft bzw. die Anerkennung verweigert werden.

Zuständig für die Erteilung sind:

- auf regionaler Ebene die Kreisjugendämter
- für Einrichtungen mit besonderer pädagogischer Ausprägung und überörtlichem Einzugsbereich die Landesjugendämter

Wenn unter kirchlicher Trägerschaft oder unter dem Dach eines Verbandes der freien Wohlfahrtspflege eine Einrichtung der freien Jugendhilfe gegründet wird, erfolgt die Bewilligung automatisch, da sie anerkannte Träger der freien Jugendhilfe sind.

Die einzelnen *Rechtsformen* unterscheiden sich besonders in folgenden Bereichen

- Entstehung (Form des Gesellschaftsvertrages, Registereintrag)
- besondere Eignung der Unternehmensform für das Vorhaben
- Kapital (Mindesteinzahlung, Art der Einlage)
- Gewinn- und Verlustbeteiligung (Haftungsgrenzen u.a.)
- Entnahmerecht
- Geschäftsführungs- und Vertretungsbestimmungen
- bestimmte steuerrechtliche Behandlung

Der eingetragene Verein

Der größte Teil der klassischen Wald- und Naturkindergärten arbeitet in der Rechtsform des eingetragenen Vereins (e.V.).
Im BGB direkt ist nur der *Verein* als juristische Person geregelt (§§ 21 – 79 BGB):

Rechtsform

Die Rechtsform des Vereins ist eine zu einem gemeinsamen Zweck und auf (gewisse) Dauer angelegte Vereinigung von Personen und führt einen eigenen Namen.

eingetragener (rechtsfähiger) Verein

Rechtsfähigkeit durch Eintragung ins Vereinsregister des zuständigen Amtsgerichts. Damit wird der Verein zur juristischen Person, also selbst zum Träger von Rechten und Pflichten.

nichteingetragener (nichtrechtsfähiger) Verein

Folgen der fehlenden Rechtsfähigkeit:

- Eine gerichtliche Klage kann nicht im Namen des Vereins, sondern nur im Namen aller Mitglieder durchgeführt werden. (Fehlende aktive Prozessfähigkeit)
- Für Schulden des Vereins haften unter Umständen die Mitglieder.
- Die für den nicht eingetragenen Verein Handelnden haften unter Umständen ebenfalls persönlich.

Nach § 54 BGB finden nicht die Bestimmungen des Vereinsrechts, sondern die Bestimmungen des Gesellschaftsrechts Anwendung.

Für Vereine, bei denen keinerlei oder nur geringe finanzielle Verpflichtungen und sonstige Risiken bestehen, ist eine Eintragung ins Vereinsregister mit dem damit verbundenen Verwaltungsaufwand nicht unbedingt notwendig. Für die Anerkennung der steuerlichen Begünstigung durch das Finanzamt ist die Eintragung ebenfalls nicht notwendig.

2. Die Vereinsgründung

Interessengruppe »Waldkindergarten«

⇩

Hospitation bei bestehenden Einrichtungen (Dias, Video)

⇩

Wille zur Vereinsgründung

⇩

Entwurf einer Satzung[2]: nach § 57 BGB muss sie
enthalten: den Zweck, den Namen, den Sitz des Vereins

⇩

Gründungsversammlung (mindestens 7 Personen)
Bestellung eines Schriftführers[3]
Vorlage und Diskussion des Satzungsentwurfes
Einigung über Satzung = Vereinsgründung
Satzung wird von mindestens 7 Mitgliedern unterzeichnet (Datum!)

⇩

Bildung eines Wahlausschusses[4]
(zwei Personen und ein Wahlausschussvorsitzender)

⇩

der Vorsitzende des Wahlausschusses bittet um Vorschläge
für die Besetzung des Vorstandes; es werden gewählt[5]
(geheim/Stimmzettel):
1. Vorsitzende, 2. Vorsitzende, Schriftführer (bereits benannt),
Kassierer/Schatzmeister, die Kassenprüfer

⇩

gewählter 1. Vorsitzender übernimmt Vorsitz –
Dank an die Versammlung

⇩

notarielle Beglaubigung

⇩

Anmeldung der Eintragung des Vereins in das Vereinsregister
(Amtsgericht) § 59 BGB

⇩

Überprüfung der Anmeldung
Eintragung ins Vereinsregister, Veröffentlichung des Eintrags[6]

3. Der Verein und das Finanzamt

Ein Verein verfolgt gemeinnützige Zwecke, wenn seine Tätigkeit darauf gerichtet ist, die Allgemeinheit auf materiellem, geistigem oder sittlichem Gebiet selbstlos zu fördern (§ 52 Abs. 1 AO). Als Beispiel für die Förderung der Allgemeinheit gilt insbesondere die Förderung der Jugendhilfe, der Altenhilfe, des öffentlichen Gesundheitswesens, von Bildung und Erziehung, Kunst und Kultur usw. (§ 52 Abs. 2 AO). Der Kreis der Personen, dem diese Förderung zugute kommt, darf nicht abgeschlossen sein (die Höhe der Aufnahmegebühr könnte zum Beispiel dazu beitragen, dass der Mitgliederkreis nur klein sein kann und nur bestimmten Einkommensschichten offensteht).

Waldkindergärten werden anerkannt als Vereine mit gemeinnützigen Zwecken (Förderung der Jugendhilfe). Das Finanzamt erteilt bei Anerkennung der Gemeinnützigkeit einen Freistellungsbescheid über die Gewährung der Steuervergünstigungen (bei Neugründung vorläufig, das heißt, auf 18 Monate befristet). Ca. alle drei Jahre wird überprüft, ob die Voraussetzungen der Gemeinnützigkeit satzungsmäßig und tatsächlich noch erfüllt sind.

Tipp

Die Vereinssatzung vor der Beschlussfassung dem Finanzamt zur Überprüfung vorlegen, um eventuelle Bedenken gegen eine Anerkennung zu berücksichtigen. Die Finanzämter erteilen auf Wunsch vorläufige Bescheinigungen über die Gemeinnützigkeit und Spendenbegünstigung. Der Waldkindergarten e.V. kann die Spendenbescheinigung, die der Förderer braucht, selbst ausstellen.

Anmerkungen zur Übersicht auf der gegenüberliegenden Seite:

2 Mustersatzung siehe Anlage

3 Ein zahlenmäßig großer Vorstand erschwert erfahrungsgemäß die Arbeit; 5–7 Mitglieder reichen vollkommen. Sinnvoll ist es, eine Person mit der Wahrnehmung der Öffentlichkeitsarbeit zu beauftragen.

4 Der Schriftführer verfasst das Protokoll über die Gründungsversammlung. Es muss daraus hervorgehen, dass die Anwesenden (Anwesenheitsliste!) mit der Gründung des Vereins einverstanden waren, der Satzung zugestimmt und einen Vorstand gewählt haben. Erster Vorsitzender und Schriftführer unterschreiben.

5 Drei Anwesende werden als Ausschussmitglieder vorgeschlagen; können durch Zuruf von den Teilnehmern gewählt werden. Ebenso der Wahlausschussvorsitzende.

6 Gründungsverfahren siehe Anlage; Muster eines Gründungsprotokolls siehe Anlage

4. Von der Vereinsgründung zum Waldkindergartenstart

Ablaufdiagramm:

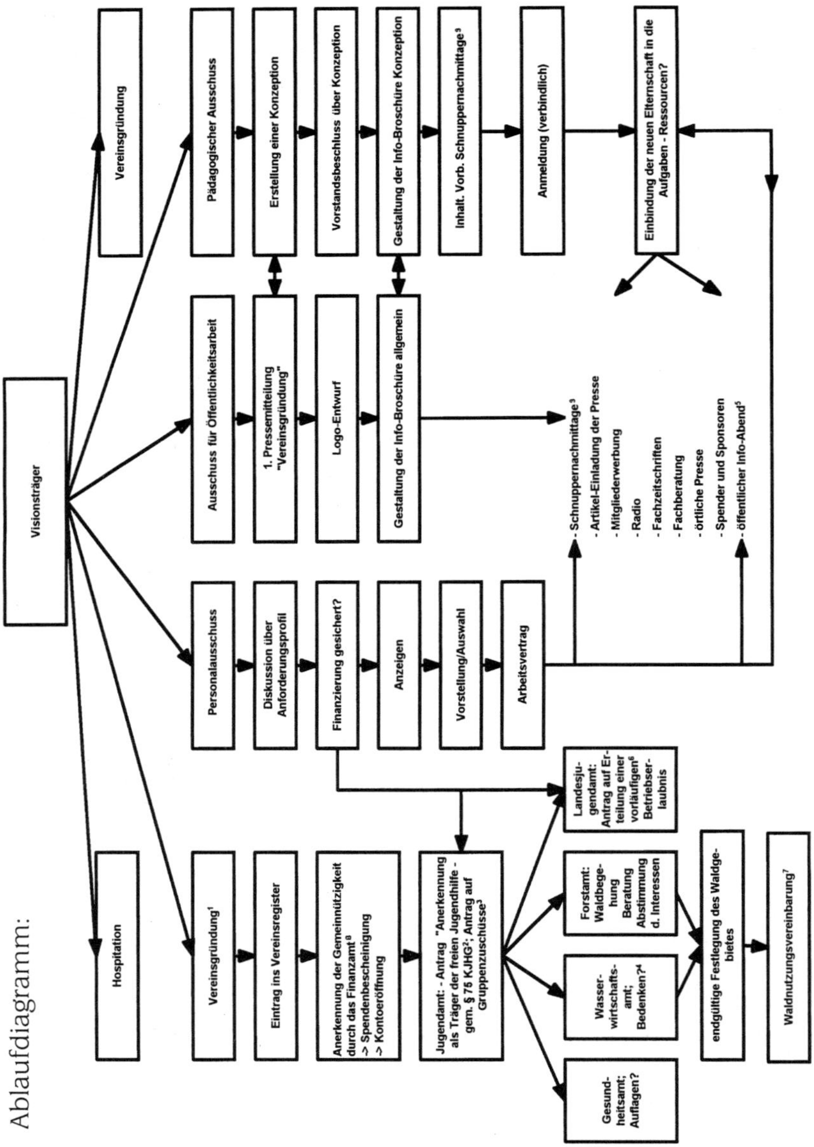

Andere gebräuchliche Rechtsformen

Da jeder Wechsel von einer Rechtsform in eine andere mit erheblichem Aufwand an Zeit und Kapital (Notariatsgebühren etc.) verbunden ist, sollten sich Wald- und Naturkindergarten-Initiativen gründlich informieren, bevor sie sich für eine bestimmte Rechtsform entscheiden. Wie schon erwähnt, ist die IHK ein guter Berater; sie wird zudem in der Regel im Verfahren zur Eintragung der Unternehmen in das Handelsregister vorher um eine Stellungnahme gebeten. Die im Folgenden aufgeführten Rechtsformen wurden einer Informationsschrift der Industrie- und Handelskammer Baden-Württemberg entnommen:

Einzelunternehmen:
Hier betreibt der Inhaber sein Geschäft allein. Er trägt auch das Risiko allein und haftet mit seinem gesamten Vermögen bis hin zu Wertgegenständen aus seinem Privatbesitz. Der Einzelunternehmer kann als Kleingewerbetreibender (ohne Handelsregistereintrag) oder als eingetragener Kaufmann tätig sein. Im letzteren Fall ist er berechtigt, eine Firmenbezeichnung zu führen, der er den Rechtsformzusatz »eingetragener Kaufmann« oder eine allgemein verständliche Abkürzung dieser Bezeichnung, insbesondere »e. K«, »e. Kfm.« oder »e. Kfr.« hinzufügen muss.

Anmerkungen zur Grafik auf der gegenüberliegenden Seite:

[1] Elterninitiativen, die öffentlichen Zuschüsse in Anspruch nehmen wollen (und nicht Mitglied eines Dachverbandes sind), benötigen für die Anerkennung einen Verein oder eine vergleichbare Rechtsform der Personenvereinigung.

[2] Zu richten an den Land- oder Stadtkreis; Jugendhilfeausschuss berät und beschließt nach Verwaltungsvorlage. Tagt nach Bedarf. Deshalb: rechtzeitig Termine einholen! Wichtig: Erstklassige Beratungsvorlagen erstellen! Auf die Anerkennung besteht ggf. ein Rechtsanspruch, der auch einklagbar ist. Muster, siehe Anlage

[3] Eilt nicht; meist noch möglich bis Mitte Februar des darauffolgenden Jahres (bei Gründung im Herbst des Vorjahres).

[4] Wasserschutzgebiete sind sensible Bereiche.

[5] Im Anhang: Pressenotiz – Entwurf nach Info-Abend

[6] Die befristete Betriebserlaubnis wird in der Regel nach einem Jahr in eine unbefristete umgewandelt. Eingereicht werden muss: Satzung und Eintragung ins Vereinsregister, Konzeption, Betriebsform, Personalqualifikation und -einsatz, Angaben zum Wald- oder Naturgebiet.

[7] Muster, siehe Anlage

[8] Muster, siehe Anlage

[9] siehe Anlage

Gesellschaft bürgerlichen Rechts (GbR):
Die einfachste Form einer Gesellschaft ist die Gesellschaft bürgerlichen Rechts. Sie wird auch als BGB-Gesellschaft oder GdbR bezeichnet.

Damit eine Gesellschaft entsteht, müssen die Gesellschafter untereinander einen Gesellschaftsvertrag abschließen, in dem sie sich verpflichten, einen bestimmten Zweck zu verfolgen, beispielsweise gemeinsam ein Schuhgeschäft zu betreiben.

Ein schriftlicher Gesellschaftsvertrag ist nicht notwendig, aber dringend anzuraten. Die Gesellschafter haften persönlich, unbeschränkt und gesamtschuldnerisch für die Verbindlichkeiten der Gesellschaft. In der Geschäftskorrespondenz müssen alle Gesellschafter mit ihrem Familiennamen und mindestens einem ausgeschriebenen Vornamen erscheinen.

Offene Handelsgesellschaft (OHG):
Im Gegensatz zur Gesellschaft bürgerlichen Rechts wird bei der offenen Handelsgesellschaft vorausgesetzt, dass mehrere Gesellschafter sich zum Betrieb eines Handelsgewerbes unter gemeinschaftlicher Firma zusammenschließen, wobei auch hier jeder Gesellschafter mit seinem gesamten Vermögen für die Verbindlichkeiten der Gesellschaft haftet. Die gesetzliche Regelung sieht vor, dass jeder Gesellschafter die Gesellschaft einzeln vertreten kann, sofern im Gesellschaftsvertrag nichts anderes bestimmt ist. Die OHG muss ihrer Firmenbezeichnung den Rechtsformzusatz »Offene Handelsgesellschaft« beifügen; darüber hinaus sind sonstige Abkürzungen dieser Bezeichnung zulässig (beispielsweise »oHG«, oder »OHG»).

Kommanditgesellschaft (KG):
Die KG ist der OHG verwandt. Auch hier existieren mehrere Gesellschafter, die jedoch unterschiedliche Befugnisse haben und unterschiedlich am Risiko beteiligt sind. Es gibt persönlich haftende Gesellschafter (Komplementäre) und sogenannte Kommanditisten, das sind Gesellschafter, die nur bis zu einer bestimmten Einlage haften. Die Komplementäre sind nach dem Gesetz die geschäftsführenden Gesellschafter. Die Firmenbezeichnung einer Kommanditgesellschaft

muss zwingend den Rechtsformzusatz »Kommanditgesellschaft« oder eine allgemein verständliche Abkürzung (beispielsweise »KG») aufweisen. Die persönlich haftende Gesellschafterin kann auch eine GmbH sein. Allerdings muss der Rechtsformzusatz dann »GmbH & Co. KG« lauten.

Gesellschaft mit beschränkter Haftung (GmbH):
Die GmbH ist eine juristische Person. Sie hat den Vorzug, dass die Gesellschafter nur bis zur Höhe ihrer Einlage haften. Die GmbH muss durch einen notariell beurkundeten Gesellschaftsvertrag durch die Gesellschafter errichtet und durch den Geschäftsführer, der von den Gesellschaftern bestellt wird, zur Eintragung in das Handelsregister angemeldet werden. Voraussetzung ist ein Mindeststammkapital von 50.000 Mark, das in Barmitteln oder in Sachwerten erbracht werden kann. Bei Gründung durch zwei oder mehr Gesellschafter genügt zum Gründungszeitpunkt die hälftige Kapitalaufbringung.

Die GmbH entsteht erst mit der Eintragung ins Handelsregister. Im Vorfeld zwischen Beurkundung beim Notar und Handelsregisteranmeldung spricht man von der GmbH in Gründung oder GmbH i.G.

Als Firmenbezeichnung kann seit dem 1. Juli 1998 jede unterscheidungskräftige Bezeichnung verwendet werden. Beizufügen ist der Rechtsformzusatz »Gesellschaft mit beschränkter Haftung« oder die Abkürzung »GmbH«.

Kleine Aktiengesellschaft:
Bei der kleinen AG handelt es sich nicht um eine neue Gesellschaftsform. Der Gesetzgeber hat durch das Gesetz für kleine Aktiengesellschaften und zur Deregulierung des Aktienrechts, das am 10. August 1994 in Kraft getreten ist, die Rechtsform der Aktiengesellschaft auch für den Mittelstand geöffnet. Die wichtigsten Erleichterungen betreffen die direkte Gründung als Einpersonengesellschaft, die Vereinfachung der Hauptversammlung wie auch die erweiterte Flexibilität bei der Frage der Mittelverwendung, insbesondere bei Ausschüttungen. Der Aufsichtsrat ist bei neugegründeten Aktiengesellschaften mit bis zu 500 Beschäftigten mitbestimmungsfrei. Die »kleine AG« ist damit ähnlich einfach zu handhaben wie eine GmbH, kann aber leichter Eigenkapital aufnehmen und

hat auf Grund des unabhängigen Vorstandes ein ideales Managementinstrument. Gleichwohl wird sie für die wenigsten Existenzgründer als Einstiegsrechtsform in Betracht kommen.

5. Öffentlichkeitsarbeit in der Gründungszeit

Der Kontakt zur örtlichen Presse ist sehr wichtig. Gemeint ist nicht nur der Kontakt per Brief oder Fax, sondern auch der persönliche Kontakt. Sobald sich der Ausschuss für Öffentlichkeitsarbeit gebildet hat, sollten zwei Mitglieder die Lokalredakteure besuchen, sich in ihrer Funktion vorstellen und kurz über das Thema »Waldkindergarten« informieren. Ferner sind Informationen über das gewünschte Format von Texten/Bildern einzuholen. Grundsätzliche Tipps zum Thema »Wie verfasse ich eine Pressemitteilung/einen kurzen Zeitungsartikel?« werden von den Redakteuren erfahrungsgemäß gerne weitergegeben.

Der ersten Pressemitteilung über die Vereinsgründung sollten bald weitere folgen mit dem Ziel, die Bevölkerung mit einer neuen Form der Kindergartenarbeit vertraut zu machen.

Ein erster Informationsabend könnte so gestaltet werden:

- Der Vorstand stellt sich vor.
- Die Ziele/der Inhalt der Waldkindergartenarbeit werden anhand einer Dia-Serie erläutert. Diese Dias können in einem bereits bestehenden Waldkindergarten aufgenommen werden.
  (Vgl. Beispiele zur Öffentlichkeitsarbeit in der Anlage.)

Tipp

Darauf achten, dass die Elemente des Tagesablaufs gezeigt werden, wie Morgenkreis, Vesper-Rituale und Händewaschen.

- Ein Kinderarzt informiert und beantwortet Fragen zu den Themen:
  Hygiene im Waldkindergarten,
  Allergien,

Zecken,
Fuchsbandwurm,
Bedeutung des Aufenthalts an frischer Luft für die Gesundheit der Kinder.

- Eine erfahrene Waldkindergartenpädagogin und der Revierförster unterstützen den Vorstand bei der sich anschließenden Frage- und Diskussionsrunde.
- Bekanntgabe eines Termins zur Besichtigung des Waldgebietes, in dem der Waldkindergarten sich hauptsächlich aufhalten wird.
- Hinweis auf die Möglichkeit, mit Kindern an »Waldschnuppertagen« teilzunehmen.
- Anmeldeformulare werden verteilt. Mitgliederwerbung, Spendenaufruf.

Verteiler für Pressemitteilungen und andere Informationen:

- Vertreter der Gemeinde/der Stadt,
- Fachberatung,
- Fachschulen für Sozialpädagogik (Praktikanten!),
- Vertreter des Jugendamtes,
- benachbarte Regelkindergärten,
- Vertreter der Kirchen,
- mögliche Spender und Sponsoren,
- Mitglieder des Vereins,
- betroffene Privatwaldbesitzer/Jagdpächter,
- Presse.

Gestaltung von »Schnuppernachmittagen«

Wer für ein neues, unbekanntes pädagogisches Konzept wirbt, sollte dies anschaulich tun, mittels »learning by doing«. Ich denke, dass wir ohne Waldschnuppernachmittage unsere erste Kindergartengruppe nicht so schnell beisammen gehabt hätten. (Beispiel für eine Pressenotiz im Anhang.)

Die Schnuppernachmittage sollten witterungsunabhängig stattfinden. Der Hinweis auf wetterfeste Kleidung ist deshalb bei der Einladung unerlässlich. Die Erfahrung zeigt, dass dennoch einige Eltern und Kinder auch bei schlechtem Wetter zu leicht oder nicht regenfest gekleidet kommen.

Zusätzliche Regenkleidung und Pullover verschiedener Größen in Reserve bereithalten; ebenso Plastiksäcke unterschiedlicher Größe.

Man kann den Nachmittag unter ein Thema stellen oder einfach den Platz erkunden, an dem der geplante Waldkindergarten sich in Zukunft hauptsächlich aufhalten wird. Das gemeinsame Picknick gehört natürlich auch dazu.

Beispiel für ein gemeinsames Thema:
Zur Einstimmung könnte eine kurze Zwergengeschichte vorgelesen werden (schöner: frei erzählt[7]). Danach könnte man in kleinen Gruppen verschiedene Zwergenwohnungen bauen. Vielleicht reicht die Zeit sogar für die Herstellung eines einfachen Holzzwerges aus Astabschnitten (in der Einladung darum bitten, dass Taschenmesser mitgebracht werden).

Die zukünftige Erzieherin der Gruppe sollte anwesend sein. Ihr Umgang mit Kindern im Naturraum gibt den Eltern erste Einblicke in die Waldpädagogik-Arbeit und den Kindern eine Vorstellung vom Kindergarten im Wald. Wir führten vor der Eröffnung vier Schnuppernachmittage durch, die jeweils ca. zwei Stunden dauerten. Unsere Erfahrung: Die Mundpropaganda danach war sehr wirkungsvoll.

Die Gäste konnten Informationsblätter und Anmeldebögen gleich einsehen und mitnehmen. An jedem Nachmittag stießen zwei bis drei Kinder zur Waldkindergartengruppe. Verbindliche Anmeldungen geben dem Trägerverein Sicherheit bei der Planung weiterer Schritte.

[7] Jakob Streit hat im Verlag Urachhaus wunderschöne Zwergengeschichten veröffentlicht.

6. Wetterschutzbauten

Der Bauwagen

Die meisten Waldkindergärten benutzen einen Bauwagen als Unterstand und zur Materiallagerung.

Standort:

- Möglichst zentral zu den einzelnen Waldplätzen und
- in einem Gebiet, in dem in nächster Zeit keine Forstarbeiten geplant sind. (Man kann das Forstamt bitten, in absehbarer Zeit notwendig werdende Arbeiten vor dem Abstellen des Bauwagens auszuführen.)
- Muss der Bauwagen über eine begrenzte Zeit wegen Forstarbeiten versetzt werden, ist rechtzeitig ein provisorischer Standort zu suchen. Fahren die Eltern üblicherweise mit dem Auto bis zum Bauwagen, sind sie als Anlieger zu betrachten und können bei der Stadtverwaltung eine Fahrerlaubnis für die Strecke beantragen.

Tipp

Rechtzeitig für eine stabile Unterstützung der Räder sorgen, die sonst im Laufe der Zeit ins Erdreich einsinken. Gut: Eine gewisse öffentliche Kontrolle durch einen nahen Trimm-Dich-Pfad oder ähnliches.

Ausstattung:

- Zugang zum Wagen über eine trittsichere Treppe mit Geländer,
- ökonomischer Umgang mit dem vorhandenen Platz durch an die Wände anschließende Bankreihen,
- Tisch möglichst klappbar, um bei Bedarf eine freie Raummitte zu haben,
- Garderobenwand/-ecke
- Regale für Ersatzkleidung, zusätzliche Sitzkissen für Besucher, Regenplane, Bastelmaterialien usw.
- keine wertvollen Gegenstände im Wagen deponieren; zu oft berichten Erzieherinnen von Einbrüchen,
- deshalb: stabile Fensterläden, die kein Vermögen kosten,

- pflegeleichter Bodenbelag,
- eventuell abgetrennter Bereich mit Chemie-Toilette (Camping-Ausstattung).
- Heizung: Schnell und platzsparend ist eine Gasheizung; die Gasflasche wird an der Außenwand in einem abschließbaren Kasten angeschlossen.
- An der Außenwand neben dem Eingang Haken zum Aufhängen von Kleidung/Rucksäcken anbringen, ebenso innen.
- Energiequelle für Beleuchtung: z. B. Foto-Voltaik-Anlage zur Dachmontage, geeignet für Dächer mit Südneigung.

Woher bekommt man den Bauwagen?

Forstbehörden, das Straßenbauamt einer Stadt, die Bundesbahn, Zirkusunternehmen und andere Einrichtungen verkaufen ausrangierte Bauwagen.

Die Schutzhütte

Die Tendenz zur Verlängerung der Kindergarten-Öffnungszeiten wird dazu führen, daß öfter Schutzhütten gebaut werden.

Standort:

- möglichst mit Pkw erreichbar,
- gewisse »öffentliche Kontrolle« (zum Beispiel durch angrenzende Wohngebiete), um Vandalismus zu vermeiden,
- zentrale Lage zu den Waldplätzen des Kindergartens,
- sonniger Standort.

Bauweise:

- landschaftstypisch in Form- und Farbgebung (in der Regel wird Holz als Baumaterial Verwendung finden),
- gut schließende, stabile Fensterläden (Waldkindergärten berichten immer wieder von Einbrüchen in die Bauwagen, auch hier haben sich schwere Fensterläden bewährt.),

Lieblingsbäume: Eulenbaum und Kletterbaum

Knochen beim Kletterbaum gefunden

Lieblingsorte: Fabian und Julius auf dem Indianerplatz

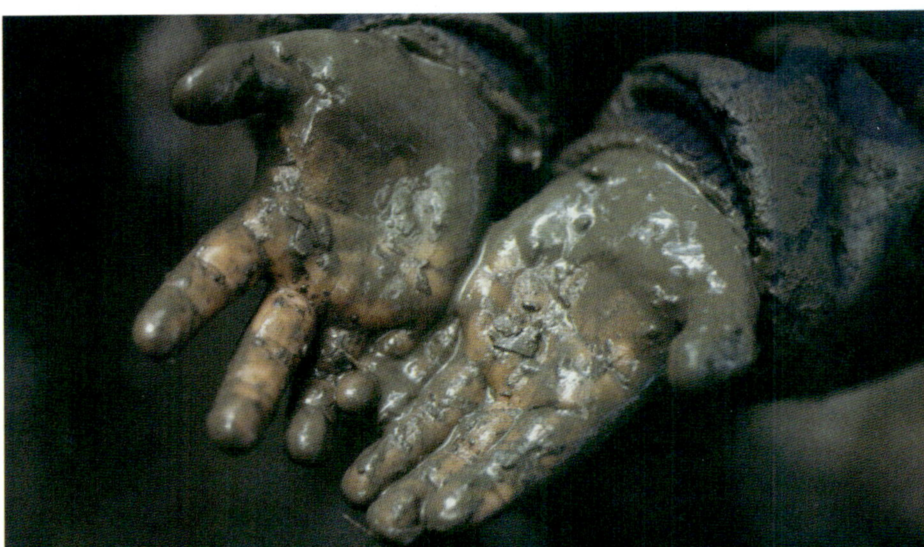

Lieblingsspiele und Lieblingsbeschäftigungen

- Dachvorstand (bietet die Möglichkeit, Holz und Gebrauchsgegenstände trocken zu lagern und schützt Sitzplätze – eine Bankreihe am Haus),
- Regenwasserableitung in eine Tonne.
- Einige Firmen bieten Blockhäuser an, bei denen der Grundriss individuell geplant werden kann.

Ein Waldkindergarten konnte die Firma IKEA als Sponsoring-Partner für den Blockhüttenbau gewinnen (vgl. auch Kapitel »Sponsoring«).

Raumaufteilung:

Grundsätzlich sollte man sich von dem Gedanken leiten lassen, möglichst viel Raum für die Gruppe zu haben.

- Auslagerung von Geräten und Material in Nebenräume,
- Unterbringung des Bollerwagens in einem getrennten Verschlag (abschließbar),
- Auslagerung der Holzvorräte,
- Unterbringung einer Camping-Toilette in einem Anbau (eventuell Lüftungsschlitze für Wärmeübertragung einplanen).
- Großzügige Planung und Ausstattung des sogenannten Schmutzbereichs:
- stabiles, eingelassenes Schmutzgitter vor der Eingangstür,
- Garderobenbereich ausreichend groß; unter den Bänken eventuell Schmutzwanne für Schmelzwasser,
- Kleiderhaken relativ hoch anbringen (an die Buddelhosen denken).

Falls wenig Platz vorhanden ist, im Gruppenraum Deckenhaken anbringen, an denen die Kleidung unter die Decke gezogen werden kann.
Im Gruppenraum an einer Wand eine Garderobe einplanen (Nachteil: Verdunstungsfeuchtigkeit im Gruppenraum).

Gruppenraum:

- praktisch und platzsparend sind Bänke – eventuell stapelbar,
- pflegeleichter, strapazierfähiger Boden,

- wenige Schränke (Platz!), alternativ Regale mit Ordnungssystemen, ein Teil davon für die Kinder zugänglich,
- Schaffung einer zweiten Ebene als Ruhezone,
- kombinierbare Tische (Beine möglichst klappbar).

Heizquelle:

- möglichst kurze Aufheizzeit,
- platzsparender Einbau,
- Sicherheitsaspekte: kindergesicherte Feuerraumtür (Heizkörper mit abnehmbaren Feuertürgriffen),
- ökologische Verträglichkeit des Brennstoffs,
- angemessene Heizleistung.

Ich empfehle für Schutzhütten einen Kaminofen aus Gusseisen mit Glastür (ab ca. 1.500 DM) für feste Brennstoffe.
Vorteile:

- Kurze Aufheizzeit durch sofortige Wärmeabgabe.
- Nachwachsender Brennstoff Holz, ein Teil der benötigten Menge kann zudem mit den Kindern (nach Absprache mit der Forstverwaltung) gesucht werden.
- CO_2-neutral,
- sichtbares Flammenbild,
- Erlernen einer Kulturtechnik: »Feuer machen«,
- Möglichkeit, auf dem Ofen zu kochen/Dinge warm zu halten.

Tipp
Rauchabgang nach oben wählen, da dann der aufwendige Feuerschutz am Austritt des Rohrs durch die Holzwand entfällt, und dieser Anschluss platzsparend ist, da Bogenführung des Rohres entfällt.

Der Ofen muss auf Fliesen oder Stahlblech stehen. Alle DIN-geprüften Öfen sind mit einem integrierten Hitzestrahlungsschutz versehen.

Tipp
Darauf achten, dass in den Feuerraum bis zu 40 Zentimeter große Holzstücke passen.
Durch einen Strahlungsschutz (ca. 50 DM) kann der Mindestabstand zwischen Lagerholz und Ofen verringert werden.

Bei Aufnahme von Kindern unter drei Jahren muss der Ofen durch eine Absperrung gesichert werden.

Bauen im Außenbereich – Gesetzliche Rahmenbedingungen (BW)

Zulässigkeit von Vorhaben:

Unterscheidung nach
- Vorhaben im Geltungsbereich eines Bebauungsplanes – § 30 BauGB
- Vorhaben innerhalb der im Zusammenhang bebauten Ortsteile – § 34 BauGB
- Bauen im Außenbereich – § 35 BauGB

Abs. 1
Ausnahmetatbestände, die vorliegen müssen, damit Vorhaben zulässig ist:
- Öffentliche Belange dürfen nicht entgegenstehen.
- Land- und forstwirtschaftlicher Betrieb benötigt die Bauten,
- Bauvorhaben kann wegen seiner besonderen Zweckbestimmung nur im Außenbereich ausgeführt werden.

In der Regel liegt diese Privilegierung für Waldkindergärten nicht vor.

Abs. 2
Sonstige Vorhaben können im Einzelfall zugelassen werden, wenn ihre Ausführung öffentliche Belange nicht beeinträchtigt.

Abs. 3
Beeinträchtigung liegt vor, u.a. wenn
- Belange des Naturschutzes und der Landschaftspflege beeinträchtigt werden,
- das Orts- oder Landschaftsbild verunstaltet wird,
- die natürliche Eigenart der Landschaft oder ihre Aufgabe als Erholungsgebiet beeinträchtigt werden.

Ob ein Waldkindergarten genehmigt werden kann, ist in jedem Einzelfall mit den zuständigen Stellen zu überprüfen:
- Forstamt (Waldeigentümer)
- Naturschutz (Landratsamt)
- Stadt (Genehmigungsbehörde)

Eine endgültige Prüfung erfolgt im Baugenehmigungsverfahren.

Tipp

Kostengünstiger Weg:
- Bauvoranfrage stellen.
- Wenn keine Genehmigungsfähigkeit vorliegt, Bauvoranfrage zurückziehen (es wird nur eine Bearbeitungsgebühr fällig).
- Sollte sich die Genehmigungsfähigkeit herausstellen, Bauvoranfrage ebenfalls zurückziehen und einen Bauantrag stellen.

Eine andere Möglichkeit:
- Zulässigkeit des Vorhabens für land- und forstwirtschaftliche Betriebe nutzen,
- also Bau der Hütte durch das Forstamt,
- privatrechtlichen Vertrag abschließen, der dem Waldkindergarten die Nutzung für die Dauer der Vereinsexistenz sichert.

Versicherung

- Integrierte Waldkindergärten/Waldgruppen sind ebenso wie klassische Waldkindergärten über die GUV versichert. Hier gelten die Versicherungsgrundlagen wie im Regelkindergarten.
- Nicht öffentlich anerkannte Gruppen sollten spezielle Gruppenunfallversicherungen abschließen.

XII. Social Sponsoring

Sponsoring – Spende – Mäzenatentum?

Mäzenatentum:

Der Name geht auf den reichen Römer Gaius Clinius Maecenas (70-8 v. Chr.) zurück. Er war ein Freund und Berater des Kaisers Augustus. Seinen Reichtum behielt er nicht nur für sich, er ließ auch andere Menschen daran teilhaben, förderte Talente mit seinem Vermögen und seiner einflussreichen Persönlichkeit.

Ein Mäzen hat selbstlose Motive für seine Unterstützung. Häufig besteht ein persönliches Verhältnis zwischen dem Mäzen und dem Unterstützten. Der Mäzen hat keine kommerziellen Gründe für die Vergabe von Mitteln. Mäzene hat es in den letzten 2000 Jahren immer wieder gegeben. Im 20. Jahrhundert entwickelten sich vorrangig Stiftungen. Sie sind dem Mäzenatentum zuzuordnen, wenn sie Geldmittel langfristig einem bestimmten Zweck zuführen. Eine Zusammenarbeit mit den Geförderten findet vereinzelt statt.

Sponsoring:

Sponsoring ist ein Geschäft auf Gegenseitigkeit. Der Nutzen der Werbung und die Kommunikation zwischen der soziale Organisation und dem Unternehmer stehen im Vordergrund. Das wichtigste Merkmal der Abgrenzung zu Mäzenatentum und Spende ist die Zusammenarbeit, die vertraglich geregelt ist.

Leistung und Gegenleistung werden in einem Vertrag definiert.

Der Sponsor (ein Unternehmen) kann Geld, Sachmittel wie Autos, Geräte, Einrichtungen oder Dienstleistungen bereitstellen. So wird zum Beispiel Fachpersonal finanziert, das für eine bestimmte Zeit den Gesponserten unterstützt. Dafür kann der Sponsor als Gegenleistung die Präsentation seines Namens in gemeinsam entwickelten Werbeaktivitäten erwarten. Die Aufwendungen des Sponsors sind Betriebsausgaben für das Unternehmen und wirken sich in unbegrenzter Höhe steuermindernd aus.

Spende:

Die wohl bekannteste Art der Unterstützung oder Förderung bestimmter Organisationen. Für eine Spende wird in der Regel keine Gegenleistung erwartet. *Eine Spende ist ein Geschenk.*

Eine Tendenz zum Sponsoring ist zu erkennen. Es kann zum Teil von einem professionalisierten Spendenwesen gesprochen werden. Der Begriff der milden Gabe ist bis heute mit der Spende verbunden, steuerliche Vorteile rücken bei Privatpersonen und Unternehmen aber immer mehr in den Vordergrund des Interesses. Der Spender und der Empfänger der Spende haben oft keine Beziehung zueinander. Spenden sind nur begrenzt steuermindernd absetzbar.

Formen des Sponsoring

Social-Sponsoring ist eine noch relativ unbekannte Art des Sponsoring. Wesentlich populärer und etablierter sind das Sport-, Kultur-, Umwelt-[1] und Programmsponsoring (seit 1992 im öffentlich-rechtlichen Radio und Fernsehen erlaubt).

Von 400 Millionen DM im Jahr 1985 über 1,4 Milliarden DM 1990 auf derzeit ca. drei Milliarden DM ist das Aufgabenvolumen von Sponsoring gestiegen:

Sport-Sponsoring	2,0 Mrd. DM
Kultur-Sponsoring	0,7 Mrd. DM
Social- und Umwelt-Sponsoring	0,3 Mrd. DM
Programm-Sponsoring	100,0 Mio. DM[2]

Unterschiedliche Wertvorstellungen im Wirtschafts- und Sozialbereich erschweren oft die Verständigung über das Sponsoring. Beide Seiten brauchen nicht selten Zeit und Übung, um Vorurteile abzubauen und die Ebene einer echten Partnerschaft im Rahmen des Social-Sponsoring zu finden.

[1] Umwelt-Sponsoring ist ein Teil des Social-Sponsorings

[2] Bruhn, Manfred: Handbuch Markenartikel. Anforderungen an die Markenpolitik aus der Sicht von Wirtschaft und Praxis. Stuttgart 1994

Sponsoringnehmer Kindergarten

Für Kindertagesstätten ist Social-Sponsoring als *zusätzliche* Geldquelle interessant. Der Staat steht nach wie vor in der Verantwortung, die Einrichtungen mit ausreichenden finanziellen Mitteln zu unterstützen. Kindertagesstätten haben auf dem Sponsorenmarkt der Großen keine Chance. Kleine und mittelständische Betriebe kommen als mögliche Sponsoring-Partner eher in Betracht.

Der Weg zum Sponsoring-Partner

1. Schritt: Die Situationsanalyse

Träger:
Da die meisten Waldkindergärten in der Hand freier Träger sind, ist dieser direkt anzusprechen. Kindertagesstätten in kommunaler oder kirchlicher Trägerschaft sind immer Teil einer Organisation oder einer Verwaltung. Um hier Social-Sponsoring zu ermöglichen, sind auf der Verwaltungsebene Veränderungen anzustreben.
Der Träger sollte, falls die Idee nicht ohnehin von ihm ausgeht, von Anfang an in die Überlegungen und Vorbereitungen zum Social-Sponsoring einbezogen werden.

Pädagogisches Team:
Sind Arbeitsweisen und Bedingungen des Social-Sponsoring bekannt? Zeit einplanen, Fachliteratur beschaffen, Fortbildungen besuchen, sponsoringerfahrene Kolleginnen befragen.

Eltern:
Aufklärungsarbeit; interessierten Eltern die Möglichkeit geben, im Sponsoring-Team mitzuarbeiten. Elternarbeit ist immer auch Öffentlichkeitsarbeit. Eltern verfügen ihrerseits über Kontakte und Ressourcen, können möglicherweise selbst zum Sponsor werden oder Kontakte zu möglichen Sponsoren vermitteln. Wenn möglich: Vertreter der Eltern/besonders interessierte Eltern zu Fortbildungsveranstaltungen zum Thema einladen.

Identität und Image
Identität meint hier das Selbstbild, Image das Fremdbild der Institution Waldkindergarten.

Selbstbild:

- Gibt es eine typische Identität, die unsere Einrichtung auszeichnet, sie unverwechselbar macht?
- Wie sieht diese Identität aus?

Mit der Frage nach der Identität hat sich das pädagogische Team wahrscheinlich schon bei der Entwicklung der Konzeption intensiv befasst. Sie betrifft das Menschenbild ebenso wie die Ziele, die sich der Waldkindergarten gesetzt hat. Sie stellt die Frage nach dem Grad und der Art der Verknüpftheit mit dem sozialen Umfeld und dem Wert, den wir der Elternarbeit zumessen. Sie fragt nach dem Bild, das wir vom Kind haben und nach dem Selbstbild der Erzieherinnen, nach der Tradition.

Fremdbild:

- Wie sehen uns Eltern, Verwandte, Freunde, Mitglieder des Waldkindergartens? (Eine Umfrage könnte hier Aufschluss geben.)
- Wie sieht uns das soziale Umfeld, die Gemeinde[2]?
- Wie sehen uns andere Kindertagesstätten?
- Wie sehen uns die öffentlichen Sozialhilfeträger?

Jede Einrichtung hat ein Image; ob sie will oder nicht!
Die Frage, die sich anschließt, ist:
Entspricht das Image unserem Selbstbild, entspricht es dem Bild, das wir uns in der Öffentlichkeit über uns wünschen?

Öffentlichkeitsarbeit:

- Welche Kontakte hat der Waldkindergarten zum sozialen Umfeld und welche Qualitäten haben diese Kontakte?
- Wie präsentiert sich die Einrichtung in der Öffentlichkeit? Welche Informationen werden über welche Medien weitergegeben?

[2] Fragebogen zur Fremdbilderhebung – siehe Anlage

- In welchen Interessenvertretungen sind Mitglieder, Eltern, pädagogische Mitarbeiter auf kommunaler und überregionaler Ebene vertreten?
- Welche Möglichkeiten blieben ungenutzt, könnten in Zukunft genutzt werden?
- Wie sieht die Qualität der Präsentation in der Öffentlichkeit aus? Ist Wissen über die Gestaltung eines Artikels als Grundlage einer effektiven Zusammenarbeit zwischen Presse und Anbieter vorhanden?
- Welche Möglichkeiten der überregionalen Präsentation (Artikel in Fachzeitschriften etc.) wurden bisher genutzt?
- Wird die Arbeit von einer Dokumentation begleitet? Wird Wissen so dokumentiert und archiviert, dass es jederzeit abrufbar ist?
- Gibt es eine eindeutige, für alle zufriedenstellende, effektive, die Ressourcen berücksichtigende Aufgabenteilung?

2. Schritt: Auswertung der Analyse – Konsequenzen

Alle Interessierten und Beteiligten sollten sich zusammensetzen und auf der Grundlage der Informationen eine Sponsoring-Konzeption entwickeln. (Fachliteratur im Anhang.)

3. Schritt: Mögliche Projekte – mögliche Sponsoring-Partner

Verglichen mit anderen Kindertagesstätten, hat der engagierte klassische Waldkindergarten ein unverwechselbares Image, das ins Bewusstsein der Mitglieder und der Öffentlichkeit gerückt werden sollte.

- Er besitzt Kenntnisse über die Natur und ihre Belange.
- Er setzt sich ein für die Erhaltung und den Schutz natürlicher Ressourcen und sensibler Naturbereiche im Gemeinwesen.
- Er gibt Kindern, Eltern und allen Interessierten die Möglichkeit, sich für die Natur zu sensibilisieren und, zum Beispiel in Zusammenarbeit mit dem Forstamt, naturkundliches Wissen zu erwerben.
- Er ist Sinn- und Wertevermittler.
- Er schafft Möglichkeiten des Engagements, des sinnvollen Miteinander im Gemeinwesen.
- Er wirkt mit bei Veranstaltungen und Projekten, die seiner konzeptionellen Zielsetzung entsprechen.

Jeder Waldkindergarten wird seine eigenen Schwerpunkte setzen und dementsprechend spezielle Sponsoren finden, die an einem Image-Transfer interessiert sind. Grundsätzlich gleicht kein Sponsorenvertrag dem anderen. Zu verschieden sind die Ausgangsvoraussetzungen auf beiden Seiten.

Mögliche Projekte:
- Ausbau der Schutzhütte/des Bauwagens,
- Ausstattung des Kindergartens mit Bollerwagen, Lupen, Ferngläsern, Werkzeug, etc.,
- Ausstattung einer Bibliothek,
- Anlegen eines Feuchtbiotops innerhalb des Gemeinwesens.

Helfen kann der Partner durch:
- Überlassung von technischen Geräten (Kopierer, Computer und anderes),
- Mitbenutzung von technischen Geräten,
- Überlassung von Fachkräften für bestimmte Aufgaben,
- finanzielle Unterstützung,
- Überlassung eines Autos/Kleinbusses,
- Druck von Info-Material, Faltblättern, Plakaten und anderem.

Bei der Suche nach Sponsoren muss das Team überlegen, welche Partner an einem Image-Transfer interessiert sein könnten, aber auch, wo dieser Transfer erwünscht oder unerwünscht ist. Ein Sponsor, der Einweggeschirr herstellt, wird als Partner nicht in Frage kommen. Generell muß überprüft werden, ob bereits bestehende Kontakte sich zu einer Sponsoring-Partnerschaft erweitern lassen. Engagierte, informierte Eltern, die sich mit dem Waldkindergarten als Institution, seinen Inhalten und Zielen identifizieren, sind eine gute Voraussetzung für erfolgreiches Arbeiten auf dem Gebiet des Social-Sponsoring, denn Elternarbeit ist immer auch Öffentlichkeitsarbeit.

Anhang

Der eingetragene Verein

Gründungsverfahren

- Mindestens sieben Personen erforderlich.
- Gründungsversammlung muss abgehalten werden, bei der die Satzung beschlossen wird.
- Die Satzung muss von mindestens sieben Gründungsmitgliedern unterschrieben werden.
- Wahl der Organe des Vereins (in der Regel Vorstand und Mitgliederversammlung) nach der eben beschlossenen Satzung.
- Über die Wahl ist ein Protokoll anzufertigen und von Versammlungsleiter und Protokollführer zu unterschreiben.
- Der Vorstand muss den Verein zur Eintragung in das Vereinsregister beim zuständigen Amtsgericht (Registergericht) schriftlich anmelden.

Checkliste für Anmeldung zur Eintragung ins Vereinsregister

☑ Name (er darf nicht über Art, Größe oder sonstige Verhältnisse des Vereins täuschen)
☑ Sitz und Anschrift des Vereins (in der Regel der Verwaltungssitz)
☑ Zweck des Vereins
☑ der Tag der Errichtung der Satzung
☑ sieben Unterschriften
☑ Name, Beruf und Anschrift der Vorstandsmitglieder (§ 59 BGB)
☑ Vertretungsrecht des Vorstands (wichtige Satzungsregelung)
☑ Satzung

Die schriftliche Anmeldung muss von allen vertretungsberechtigten Vorstandsmitgliedern unterschrieben werden. Die Unterschrif-

ten des vertretungsberechtigten Vorstands müssen öffentlich beglaubigt sein (Notar).
Dem Antrag ist eine Originalsatzung, eine Kopie der Satzung und ein Gründungsprotokoll beizufügen.

Mindestinhalte der Satzung

- Zweck, Name und Sitz des Vereins
- die Absicht der Eintragung
- Regelungen über Ein- und Austritt von Mitgliedern und
- Regelungen über die Bildung des Vorstands
- eventuelle Beitragsverpflichtungen der Mitglieder
- Voraussetzungen und Formen, unter denen die Mitgliederversammlung einzuberufen ist
- die Beurkundung der Beschlüsse

Änderungen in der Vereinssatzung und in der Zusammensetzung des Vorstands müssen jeweils ins Vereinsregister eingetragen werden.

Mindestinhalte des Gründungsprotokolls

- Ort und Zeitpunkt der Versammlung
- Zahl der anwesenden Mitglieder der Versammlung
- Feststellung der Beschlussfähigkeit der Mitglieder
- Feststellungen zu folgenden Tagesordnungspunkten einschließlich der Abstimmungsergebnisse:
  Beratung und Annahme der Satzung
  Vorstandswahl
  Festsetzung der Mitgliedsbeiträge

Muster eines Gründungsprotokolls[1]

Am .... um .... Uhr kamen in der Gaststätte »Zum Vereinsmeier« in .... 10 Personen zusammen (Anwesenheitsliste liegt bei),
um die Gründung des Vereins .... zu beschließen.

Frau/Herr .... begrüßte die Anwesenden herzlich und erläuterte, weshalb an diesem Abend der Verein
.... gegründet werden soll.

Frau/Herr .... wurde per Zuruf zur/zum Versammlungsleiter/in, und Frau/Herr .... wurde ebenfalls per Zuruf zur/zum Protokollführer/in gewählt; beide nahmen die Wahl an.

Daraufhin schlug die/der Versammlungsleiter/in folgende Tagesordnung vor:

1. Diskussion über die Gründung und Satzung des Vereins
2. Verabschiedung der Satzung und Beschluss über die Gründung des Vereins
3. Wahl des Vorstands
4. Wahl der Revisor/innen
5. Festlegung der Mitgliedsbeiträge
6. Sonstiges

Per Handzeichen wurde dieser Tagesordnungsvorschlag angenommen.

TOP 1 und TOP 2
Nach kurzer Diskussion über die Notwendigkeit der Gründung eines Vereins zum Zwecke der ....
und über die Satzung wurde per Handzeichen hierzu abgestimmt. Alle 10 Anwesenden stimmten der Gründung und der vorgelegten Satzung per Handzeichen zu. Alle Anwesenden bestätigten ihren Beitritt durch ihre Unterschrift auf der vorliegenden Satzung.

[1] Wolfgang Faißt, Hauptamtsleiter in Nagold

TOP 3
Für die Wahl des Vorstands wurden Frau X, Herr Y und Frau Z vorgeschlagen. Die Wahl erfolgte per Handzeichen. Frau X, Herr Y und Frau Z wurden jeweils mit 9 Stimmen bei einer Enthaltung gewählt.

1. Vorstand: Frau X (Beruf, Anschrift)
2. Vorstand: Herr Y (Beruf, Anschrift)
3. Schriftführerin: Frau Z (Beruf, Anschrift)

Frau X, Herr Y und Frau Z nahmen die Wahl an.

TOP 4
Für die Wahl der Revisoren/innen wurden Frau R und Herr T vorgeschlagen. Die Wahl erfolgte per Handzeichen. Frau R und Herr T wurden jeweils mit 9 Stimmen bei einer Enthaltung gewählt. Beide Gewählte nahmen die Wahl an.

TOP 5
Der Vorstand schlug einen Mitgliedsbeitrag von jährlich 200,– DM vor. Hierüber wurde per Handzeichen abgestimmt. Der Vorschlag wurde einstimmig angenommen.

TOP 6
Nachdem keine Wortmeldungen zum TOP »Sonstiges« mehr kamen, wurde der Vorstand beauftragt, alles Nötige für die Eintragung ins Vereinsregister und die Erlangung der Gemeinnützigkeit zu erledigen.

Die/Der Versammlungsleiter/in schloss um .... Uhr die Versammlung.

Ort, Datum ....

....	....
Protokollführer/in (Unterschrift)	Versammlungsleiter/in (Unterschrift)

Mustersatzung für einen gemeinnützigen eingetragenen Verein

§ 1
Name und Sitz des Vereins
Der Verein soll ins Vereinsregister eingetragen werden und heißt dann .... e.V.
Er hat seinen Sitz in ....
Geschäftsjahr ist das Kalenderjahr.

§ 2
Vereinszweck
Zweck des Vereins ist ....
Er verfolgt ausschließlich und unmittelbar gemeinnützige/mildtätige/kirchliche Zwecke (nicht verfolgte Zwecke streichen) im Sinne des Abschnitts »Steuerbegünstigte Zwecke« der Abgabenordnung.
Der Satzungszweck wird verwirklicht insbesondere durch ....

....

§ 3
Gemeinnützigkeit
Der Verein ist selbstlos tätig; er verfolgt nicht in erster Linie eigenwirtschaftliche Zwecke.
Mittel des Vereins dürfen nur für die satzungsmäßigen Zwecke verwendet werden. Die Mitglieder erhalten keine Zuwendungen aus Mitteln des Vereins.
Es darf keine Person durch Ausgaben, die dem Zweck der Körperschaft fremd sind, oder durch unverhältnismäßig hohe Vergütungen begünstigt werden.

§ 4
Mitglieder – Mitgliederversammlung
Mitglied kann jede natürliche oder juristische Person werden.
Die Mitgliederversammlung fasst mit der einfachen Mehrheit der anwesenden Mitglieder Beschlüsse, Ausnahme: Die Satzung legt eine andere Mehrheit fest.

Es werden Mitgliedsbeiträge erhoben. Über die Fälligkeit und Höhe entscheidet die Mitgliederversammlung. Bei groben Verletzungen der Vereinspflichten, z.B. Nichtzahlung des Mitgliedsbeitrages trotz einmaliger Mahnung, kann der Vorstand den Ausschluss eines Mitglieds beschließen.
Beschlüsse der Mitgliederversammlung werden protokolliert.
Die Mitgliedschaft endet mit Tod, Austritt oder Ausschluss vom Verein.
Der Austritt kann nur zum Ende eines Kalenderjahres erfolgen und muss 3 Monate vor dem Jahresende schriftlich mitgeteilt werden.

Wolfgang Faißt, Hauptamtsleiter in Nagold

Steuerbegünstigung: Musterbrief an das Finanzamt für Körperschaften

Kopfbogen des Vereins (wenn vorhanden)
Name des Vereins
Anschrift

Datum

An das
Finanzamt
Abt. Körperschaften
(des für den Vereinssitz zuständigen Finanzamtes
mit Körperschaftsteuerstelle)

Betreff: Antrag auf Steuerbegünstigung wegen Gemeinnützigkeit

Sehr geehrte Damen und Herren,

als Anlage übersenden wir eine Abschrift unserer Satzung vom ....

§ 2 Zweck der Satzung bringt zum Ausdruck, dass ausschließlich und unmittelbar gemeinnützige bzw. mildtätige Wohlfahrtszwecke im Sinne des Abschnittes »Steuerbegünstigte Zwecke« der Abgabenordnung verfolgt werden. Wir beantragen die steuerliche Anerkennung des begünstigten Zwecks.

Für weitere Auskünfte stehen wir gerne zur Verfügung und verbleiben

mit freundlichen Grüßen

....
(Unterschrift durch Vorstandsmitglieder in vertretungsberechtigter Zahl – z. B. zwei gemeinsam)

Hinweis:

Die steuerliche Anerkennung kann und sollte parallel zur Eintragung im Vereinsregister beantragt werden, um Zeitverzögerungen zu vermeiden. Das Finanzamt stellt nach Prüfung der Satzung zunächst einen vorläufigen Freistellungsbescheid aus, in dem es sich die endgültige Entscheidung nach Überprüfung der Vereinsgeschäftsführung vorbehält. Die Gemeinnützigkeitsanerkennung kann nur erhalten bleiben, wenn die Vereinsgeschäftsführung dem Vorgang des Gemeinnützigkeitsrechts und der Satzung entspricht. Bescheinigungen, die die Steuerabzugsfähigkeit von Spenden bestätigen, dürfen vom Verein erst nach Erhalt des vorläufigen Freistellungsbescheides ausgestellt werden.

(Anlage für Seiten 180/181)

Musterbrief zum Antrag auf Anerkennung als Träger der freien Jugendhilfe nach § 75 KJHG

Kopfbogen des Vereins (wenn vorhanden)
Name des Vereins
Anschrift

Datum

An das
Jugendamt ....

Betreff: Antrag auf Anerkennung nach § 75 KJHG
als Träger der freien Jugendhilfe

Sehr geehrte Damen und Herren,

unser Verein .... wurde am .... von Eltern gegründet und will .... einen Waldkindergarten errichten.

(Darstellung der Tätigkeiten – Konzeption beifügen)

Als Anlage fügen wir das Protokoll der Gründungsversammlung, unsere Satzung, den Vereinsregisterauszug und die Gemeinnützigkeitsbescheinigung des Finanzamtes bei.

Für weitere Auskünfte steht Frau/Herr ...., Telefon .... gerne zur Verfügung.

Mit freundlichen Grüßen

....
(Unterschrift durch Vorstandsmitglieder in vertretungsberechtigter Zahl – z. B. zwei gemeinsam).

Hinweis:

Dieses Schreiben sollte parallel zu den anderen Schreiben verschickt werden. Die fehlenden Unterlagen sind nachzureichen. Folgender Satz muss dann noch eingefügt werden: Die fehlenden Unterlagen werden wir unaufgefordert nachreichen.

(Anlage für Seiten 180/181)

Ertragsteuerliche Behandlung des Sponsoring

Seite 212 Bundessteuerblatt 1998 · Teil I Nr. 4

Teil I

Bundesministerium der Finanzen Bonn, 18. Februar 1998

IV B 2 — S 2144 — 40/98
IV B 7 — S 0183 — 62/98

Oberste Finanzbehörden
der Länder

Ertragsteuerliche Behandlung des Sponsoring; Erörterung mit den obersten Finanzbehörden der Länder in der Sitzung KSt/GewSt I/98 vom 9. bis 11. Februar 1998 — TOP I/16 —

Für die ertragsteuerliche Behandlung des Sponsoring gelten — unabhängig von dem gesponserten Bereich (z. B. Sport-, Kultur-, Sozio-, Öko- und Wissenschaftssponsoring) — im Einvernehmen mit den obersten Finanzbehörden der Länder folgende Grundsätze:

I. Begriff des Sponsoring

1 Unter Sponsoring wird üblicherweise die Gewährung von Geld oder geldwerten Vorteilen durch Unternehmen zur Förderung von Personen, Gruppen und/oder Organisationen in sportlichen, kulturellen, kirchlichen, wissenschaftlichen, sozialen, ökologischen oder ähnlich bedeutsamen gesellschaftspolitischen Bereichen verstanden, mit der regelmäßig auch eigene unternehmensbezogene Ziele der Werbung oder Öffentlichkeitsarbeit verfolgt werden. Leistungen eines Sponsors beruhen häufig auf einer vertraglichen Vereinbarung zwischen dem Sponsor und dem Empfänger der Leistungen (Sponsoring-Vertrag), in dem Art und Umfang der Leistungen des Sponsors und des Empfängers geregelt sind.

II. Steuerliche Behandlung beim Sponsor

2 Die im Zusammenhang mit dem Sponsoring gemachten Aufwendungen können

- Betriebsausgaben i. S. des § 4 Abs. 4 EStG,
- Spenden, die unter den Voraussetzungen der §§ 10 b EStG, 9 Abs. 1 Nr. 2 KStG, 9 Nr. 5 GewStG abgezogen werden dürfen, oder
- steuerlich nicht abziehbare Kosten der Lebensführung (§ 12 Nr. 1 EStG), bei Kapitalgesellschaften verdeckte Gewinnausschüttungen (§ 8 Abs. 3 Satz 2 KStG) sein.

1. Berücksichtigung als Betriebsausgaben

3 Aufwendungen des Sponsors sind Betriebsausgaben, wenn der Sponsor wirtschaftliche Vorteile, die insbesondere in der Sicherung oder Erhöhung seines unternehmerischen Ansehens liegen können (vgl. BFH vom 3. Februar 1993, BStBl II S. 441, 445), für sein Unternehmen erstrebt oder für Produkte seines Unternehmens werben will. Das ist insbesondere der Fall, wenn der Empfänger der Leistungen auf Plakaten, Veranstaltungshinweisen, in Ausstellungskatalogen, auf den von ihm benutzten Fahrzeugen oder anderen Gegenständen auf das Unternehmen oder auf die Produkte des Sponsors werbewirksam hinweist. Die Berichterstattung in Zeitungen, Rundfunk oder Fernsehen kann einen wirtschaftlichen Vorteil, den der Sponsor für sich anstrebt, begründen, insbesondere wenn sie in seine Öffentlichkeitsarbeit eingebunden ist oder der Sponsor an Pressekonferenzen oder anderen öffentlichen Veranstaltungen des Empfängers mitwirken und eigene Erklärungen über sein Unternehmen oder seine Produkte abgeben kann.

Wirtschaftliche Vorteile für das Unternehmen des 4
Sponsors können auch dadurch erreicht werden, daß der Sponsor durch Verwendung des Namens, von Emblemen oder Logos des Empfängers oder in anderer Weise öffentlichkeitswirksam auf seine Leistungen aufmerksam macht.

Für die Berücksichtigung der Aufwendungen als Be- 5
triebsausgaben kommt es nicht darauf an, ob die Leistungen notwendig, üblich oder zweckmäßig sind; die Aufwendungen dürfen auch dann als Betriebsausgaben abgezogen werden, wenn die Geld- oder Sachleistungen des Sponsors und die erstrebten Werbeziele für das Unternehmen nicht gleichwertig sind. Bei einem krassen Mißverhältnis zwischen den Leistungen des Sponsors und dem erstrebten wirtschaftlichen Vorteil ist der Betriebsausgabenabzug allerdings zu versagen (§ 4 Abs. 5 Satz 1 Nr. 7 EStG).

Leistungen des Sponsors im Rahmen des Sponso- 6
ring-Vertrags, die die Voraussetzungen der RdNrn. 3, 4 und 5 für den Betriebsausgabenabzug erfüllen, sind keine Geschenke i. S. des § 4 Abs. 5 Satz 1 Nr. 1 EStG.

2. Berücksichtigung als Spende

Zuwendungen des Sponsors, die keine Betriebsausga- 7
ben sind, sind als Spenden (§ 10 b EStG) zu behandeln, wenn sie zur Förderung steuerbegünstigter Zwecke freiwillig oder aufgrund einer freiwillig eingegangenen Rechtspflicht erbracht werden, kein Entgelt für eine bestimmte Leistung des Empfängers sind und nicht in einem tatsächlichen wirtschaftlichen Zusammenhang mit dessen Leistungen stehen (BFH vom 25. November 1987, BStBl II 1988 S. 220; vom 12. September 1990, BStBl II 1991 S. 258).

3. Nichtabziehbare Kosten der privaten Lebensführung oder verdeckte Gewinnausschüttungen

Als Sponsoringaufwendungen bezeichnete Aufwen- 8
dungen, die keine Betriebsausgaben und keine Spenden sind, sind nicht abziehbare Kosten der privaten Lebensführung (§ 12 Nr. 1 Satz 2 EStG). Bei entsprechenden Zuwendungen einer Kapitalgesellschaft können verdeckte Gewinnausschüttungen vorliegen, wenn der Gesellschafter durch die Zuwendungen begünstigt wird, z. B. eigene Aufwendungen als Mäzen erspart (vgl. Abschnitt 31 Abs. 2 Satz 4 KStR 1995).

Teil I

III. Steuerliche Behandlung bei steuerbegünstigten Empfängern

9 Die im Zusammenhang mit dem Sponsoring erhaltenen Leistungen können, wenn der Empfänger eine steuerbegünstigte Körperschaft ist, steuerfreie Einnahmen im ideellen Bereich, steuerfreie Einnahmen aus der Vermögensverwaltung oder steuerpflichtige Einnahmen eines wirtschaftlichen Geschäftsbetriebs sein. Die steuerliche Behandlung der Leistungen beim Empfänger hängt grundsätzlich nicht davon ab, wie die entsprechenden Aufwendungen beim leistenden Unternehmen behandelt werden.

Für die Abgrenzung gelten die allgemeinen Grundsätze (vgl. insbesondere Anwendungserlaß zur Abgabenordnung, zu § 67 a, Tz. I/9). Danach liegt kein wirtschaftlicher Geschäftsbetrieb vor, wenn die steuerbegünstigte Körperschaft dem Sponsor nur die Nutzung ihres Namens zu Werbezwecken in der Weise gestattet, daß der Sponsor selbst zu Werbezwecken oder zur Imagepflege auf seine Leistungen an die Körperschaft hinweist. **Ein wirtschaftlicher Geschäftsbetrieb liegt auch dann nicht vor, wenn der Empfänger der Leistungen z. B. auf Plakaten, Veranstaltungshinweisen, in Ausstellungskatalogen oder in anderer Weise auf die Unterstützung durch einen Sponsor lediglich hinweist. Dieser Hinweis kann unter Verwendung des Namens, Emblems oder Logos des Sponsors, jedoch ohne besondere Hervorhebung, erfolgen.** Ein wirtschaftlicher Geschäftsbetrieb liegt dagegen vor, wenn die Körperschaft an den Werbemaßnahmen mitwirkt. Der wirtschaftliche Geschäftsbetrieb kann kein Zweckbetrieb (§§ 65 bis 68 AO) sein.

Dieses Schreiben ersetzt das BMF-Schreiben vom 9. Juli 1997 (BStBl I S. 726).

Im Auftrag

Sarrazin

Öffentlichkeitsarbeit

Beispiele für Pressemitteilungen:

Waldkindergarten auf Erfolgskurs/Gelungener Info-Abend

Der erste öffentliche Info-Abend der Waldkindergarten-Initiative war gut besucht. Nachdem sich die Vorstandsmitglieder vorgestellt hatten, vermittelte ein Videofilm Einblicke in den Kindergartenalltag eines bestehenden Waldkindergartens: Kinder, die sich an einem Wintertag mit einigen Minusgraden offensichtlich höchst zufrieden und glücklich im Wald bewegten und spielten. Die Video-Filmer erzählten sehr lebendig von ihren Eindrücken. .... erläuterte anschließend die pädagogische Konzeption und knüpfte dabei an persönliche Kindheitserlebnisse an: An welche Dinge erinnern wir uns noch als Erwachsene? Womit verbinden wir positive Gefühle? Was war uns wichtig?

Film und Vortrag warfen viele Fragen auf. Dr. .... beantwortete Fragen zum medizinischen Bereich. Oberforstrat .... wies auf die Belange des Landschaftsschutzes hin.

Und wie geht es weiter? Der Vorstand strebt den Beginn des Waldkindergartens mit einer Gruppe zum 1. September dieses Jahres an. Die Kontaktadresse für Interessierte: ....

Mit Kind und Kegel zum Waldputztag

Pünktlich um 17 Uhr trafen sich in der letzten Woche auf Einladung des Waldkindergartens die Helfer: Mütter, Väter, Kinder, Großeltern sowie SchülerInnen der Klasse ...... aus .... mit ihrem Lehrer, ...

Mit Handschuhen, Säcken und Schubkarren ausgerüstet ging es in den Wald.

Etliche Schubkarren-Ladungen landeten bis 19 Uhr im vom Forstamt bereitgestellten Container. Die Kinder waren mit besonderer Begeisterung bei der Sache. Apropos Abfall: Hätten Sie es gewusst? Hier eine kleine Auswahl:

Material	*natürliche Abbauzeiten*
Glas	50.000 Jahre
Alubüchsen	500 Jahre
Eisen (massiv)	200 Jahre
Plastikflaschen	20 Jahre
Zigarettenstummel	3 Jahre
Bananenschale	3 Monate
Papiertaschentuch	1 Monat

Jede Hinterlassenschaft im Wald setzt also lange, hässliche Spuren. Und den Kindern war klar: Wir können viel tun, damit es »unserem« Wald besser geht.

Waldkindergarten-Schnuppertag

Der Natur auf der Spur

Am ...., um 15.30 Uhr sind interessierte Eltern mit ihren Kindern eingeladen zu einem Wald-Schnuppernachmittag. Die zukünftigen Waldkindergarten-Erzieherinnen werden sich vorstellen und – falls Sie noch Fragen haben – diese beantworten. Eltern und Kinder haben an diesem Nachmittag Gelegenheit, den Waldbezirk kennenzulernen, innerhalb dessen die Kindergartengruppe ab ..... September dieses Jahres »Der Natur auf der Spur« sein wird.

Wetterfeste Kleidung ist erforderlich. Die Besucher sollten ein Trinkgefäß mitbringen. Den Waldkindergarten erreicht man: (Wegskizze und Telefonnummer).

Mit dabei sein wird das Landesstudio ...., das einen Bericht im Radio senden wird.

Waldkindergarten-Schnuppertag

Der Natur auf der Spur

Zu einem Tag der offenen Waldtür hatte der Waldkindergarten .... am Sonntagnachmittag alle interessierten Eltern und natürlich deren Nachwuchs eingeladen. Selbst einmal zu erleben, was die Kinder in diesem Kindergarten, der erst im September seine Arbeit aufgenommen hat, alles tun und wie es funktioniert, bei Wind und Wetter draußen im Wald zu sein – das wollten die Erzieherinnen und die Mitglieder des Waldkindergarten-Vereins vermitteln.

So hatten die Gäste auch die Gelegenheit, das Waldstück kennenzulernen, in dem die Gruppe der Natur auf der Spur ist.

Während sich die Eltern am Sonntag näher kennenlernten und mit dem Ziel des Waldkindergartens vertraut gemacht wurden, bastelten die Kinder mit dem, was sie im Wald fanden.

Vertragsmuster

Nutzung von Waldflächen für Zwecke eines Waldkindergartens[1]

1. Vertragspartner

Zwischen dem
Freistaat Bayern - Forstverwaltung -
vertreten durch

....
als Vertragsgeber
und

....
als Vertragsnehmer
wird nachstehender Vertrag geschlossen:

Mit Vertragsabschluss erteilt der Vertragsgeber die gem. Ziffer 2.5.3 der Bekanntmachung »Lehre und Forschung in den Wäldern der Bayerischen Staatsforstverwaltung« das Bayerische Staatsministerium für Ernährung, Landwirtschaft und Forsten vom 9. Februar 1990, Nr. V 2-FV 100-14 erforderliche Genehmigung im vertraglich vereinbarten Umfang.

2. Art und Umfang der Inanspruchnahme

Der Freistaat Bayern (Forstverwaltung) gestattet dem Vertragsnehmer das Betreten des im beiliegenden Plan gekennzeichneten Waldgebietes (der Lageplan ist ein wesentlicher Bestandteil dieses Vertrages) für folgende Zwecke:
Hinweis: Hier sind Art und Umfang der beabsichtigten Aktivitäten des Waldkindergartens zu beschreiben.

[1] Der Mustervertrag, der das Verhältnis zwischen Waldbesitzer und Kindergartenträger regelt, wurde entnommen aus: Bayerisches Staatsministerium für Ernährung, Landwirtschaft und Forsten: Forstliche Bildungsarbeit. S. 9 ff.

Der Vertragsnehmer erteilt seine Genehmigung zur Waldinanspruchnahme durch den Waldkindergarten unter folgenden Auflagen:
Hinweis: Hier sollten ggf. erforderliche Auflagen aufgelistet werden, wie z.B.
- *keine Gefährdung von Betriebsarbeiten oder betrieblichen Einrichtungen,*
- *Begrenzung auf bestimmte Zeiten oder Personenzahl,*
- *Forderung nach ausreichender Anzahl von Betreuungspersonen,*
- *Verbot des Feuermachens, Rauchverbot,*
- *Abschluss einer Haftpflichtversicherung.*

3. Haftungsbeschränkung

Der Vertragsnehmer erklärt sein Einverständnis mit der Haftungsbeschränkung zugunsten des Freistaates Bayern (Forstverwaltung) und seiner Bediensteten auf Vorsatz und grobe Fahrlässigkeit.

Die Haftungsbeschränkung bezieht sich auf etwaige Ersatzansprüche jedweder Art und jedweden Rechtsgrundes aus Anlass der Aktivitäten des Waldkindergartens.

Der Vertragsnehmer haftet für durch ihn verursachte Schäden am Wald, an gelagertem Holz oder an betrieblichen Einrichtungen. Der Abschluss einer Haftpflichtversicherung wird angeraten.

4. Versicherung

Die Forstverwaltung übernimmt in dem in Ziffer 2 bezeichneten Waldgebiet keine besonderen Unterhaltungs- und Verkehrssicherungspflichten an Wegen, Holzlagerplätzen, baulichen Anlagen, betrieblichen Einrichtungen oder bei Betriebsarbeiten. Unterhaltung und Verkehrssicherung erfolgen nur insoweit, als es die eigenen betrieblichen Belange erfordern.

5. Vertragsdauer

Der Vertrag beginnt am ....
Er wird auf unbeschränkte Dauer abgeschlossen.

6. Kündigungsfrist

Beide Vertragspartner können diesen Vertrag unter Einhaltung einer .... Kündigungsfrist zum .... kündigen.

Beide Vertragspartner können den Vertrag bei groben Zuwiderhandlungen gegen die Vertragsbestimmungen jederzeit kündigen.

Auf Verlangen der Forstverwaltung wird der Vertragsnehmer nach Vertragsbeendigung auf seine Kosten innerhalb einer angemessenen Frist die von ihm auf der Vertragsfläche eingebrachten oder errichteten Anlagen oder Teile hiervon entfernen. Bei ausdrücklicher Zustimmung der Forstverwaltung zur Belassung der Anlagen oder Teile gehen diese entschädigungslos in das Grundeigentum über.

7. Entgelt

Die Waldinanspruchnahme durch den Vertragsnehmer erfolgt unentgeltlich.

8. Vertragsänderungen

Änderungen, Ergänzungen und Kündigungen dieses Vertrages bedürfen zu ihrer Rechtswirksamkeit der Schriftform.

Zur Anerkennung unterzeichnen

Forstamt	Vertragsnehmer
....	....
Ort, Datum	Ort, Datum
....	....
Unterschrift	Unterschrift

Bau eines »Waldsofas«

Einfache Version

- Mit den Kindern Totholz sammeln – dickes und dünnes Astholz,
- alle Kinder fassen sich an – Kreisform,
- der äußere Umfang des Kreises wird markiert,
- Kinder legen nun das Material parallel zur Kreisform, mindestens 30 Zentimeter dick (drückt sich beim Setzen noch zusammen) und ca. 40 Zentimeter tief auf den Waldboden,
- die so entstandene Sitzfläche wird mit feinen Tannenzweigen, Laub, etc. gepolstert.

»Luxus-Version«

- Die Gruppe stellt sich im engen Kreis auf,
- die Größe des Sofas wird nach dem äußeren Gruppenumriss abgesteckt,
- ca. 18 angespitzte, zwei Meter lange Holzpflöcke – jeweils zwei parallel – einrammen.

Tipp

Verzichtet man auf einen Eingang und legt in Kreismitte ein Feuer (siehe Vorschriften), so ist dieses »Reflektor-Sofa« auch an sehr kalten Tagen ein warmes Plätzchen ohne Durchzug. Die hohe Rückenlehne schützt vor kaltem Wind. (Nur realisierbar bei entsprechendem Durchmesser!)
Beile zum Anspitzen der Holzstücke und Hämmer zum Einschlagen in den Boden sind notwendig. Eine schöne Eltern-Kind-Initiative.

Bauzeit:
Bei 12 erwachsenen Helfern ca. vier Stunden.

Foto A (links):
Die Zwischenräume mit relativ langen Zweigen auffüllen, die gewünschte Tiefe der Sitzfläche mit Pflöcken abstecken.

Foto B (oben):
Quer zu den Pflöcken auffüllen, die Sitzfläche mit Tannenzweigen, Laub etc. polstern (hier können die Kinder das gesammelte Material aufbringen).

Foto C (oben) + D (rechts)
Zur Einweihung könnte man zu einem Märchenerzählabend für die Eltern einladen.

Fragebogen zur Fremdbildanalyse

Haben Sie schon etwas über Waldkindergärten gehört?
Wenn ja, woher? nein ❑

____

Kennen Sie einen Waldkindergarten in der Umgebung?
Wenn ja, welchen? nein ❑

____

Was wissen Sie über den Waldkindergarten?
Folgendes: nichts ❑

____

____

____

____

Wie beurteilen Sie die Ideen des Waldkindergartens?
Gut ❑ weiß nicht ❑ schlecht ❑
Warum?

____

____

____

____

Würden Sie Ihre Kinder in einen Waldkindergarten geben?
Wenn ja, mit welchen Erwartungen?

____

____

Wenn nein, welche Befürchtungen haben Sie?

____

____

Ich würde mein Kind auf jeden Fall in einen Regelkindergarten ❑
geben.

Anwendungsbeispiele der Waldpädagogik

Drei Einrichtungen mit Modellcharakter:

1. Pionierarbeit auf dem Gebiet der Waldpädagogik hat die Sozialpädagogin Ute Reifferscheidt geleistet:

Bereits seit 1979 führt Frau Reifferscheidt[2] mit unterschiedlichen Bevölkerungsgruppen und Altersstufen Waldexkursionen durch. Interessant an diesem Pilotprojekt des Aachener Forstamtes ist die enge Zusammenarbeit zwischen Förstern, Waldarbeitern und Waldpädagogen.

So bekommt die Pädagogin wichtige forstliche Informationen. Den Wald zu entdecken und erleben steht im Vordergrund der Exkursion. Dieses Projekt wurde zum Impulsgeber für zahlreiche weitere waldpädagogische Initiativen.

2. Die Naturschule Freiburg e.V.[3] führt seit vielen Jahren Fortbildungsveranstaltungen im Bereich der Natur- und Erlebnispädagogik durch. So wird eine einjährige berufsbegleitende Weiterbildung »Naturpädagogik« angeboten und, seit Herbst 1999, eine einjährige Fachfortbildung Erzieher/in im Waldkindergarten, die sich an MitarbeiterInnen von Kindergärten, Kindertagesstätten u.ä. Einrichtungen wendet.

3. Projekte der CH-Waldwochen[4] (Schweiz)
Die CH-Waldwochen starteten schon 1985 das erste Projekt (»Wald erläbe«). Ziel ist die Herstellung eines sinnlichen und emotionalen Bezugs zur Natur. Interessant für Familien sind die Waldwochen für Familien mit Kindern.

---

[2] Kerz, R./Reifferscheidt, U.: Bildung im Wald, aber pädagogisch richtig! In: Allgemeine Forstzeitschrift, Nr. 49, 1987, S. 1296 f.
[3] Naturschule Freiburg e.V., Rempartstr. 9, 79098 Freiburg i. Br.
[4] Waldwochen, Rebergstraße, CH-4800 Zofingen

Arbeitsvertrag

zwischen
dem Waldkindergarten .... e.V.,
vertreten durch die 1. Vorsitzende

und
Frau ....

§ 1 Anstellungsverhältnis

(1) Frau ...., staatlich anerkannte Erzieherin, wird mit Wirkung vom ....als Erstkraft für die Leitung der Kindergruppe des Waldkindergartens, zunächst befristet bis ...., angestellt

(2) Das Arbeitsverhältnis ist bürgerlich rechtlicher Natur. Neben den Regelungen dieses Vertrages finden auf dieses Arbeitsverhältnis vorn Verein erlassene Betriebs- und Dienstordnungen in der jeweils gültigen Fassung Anwendung.

(3) Zur Leitung der Kindergruppe gehören auch die Personalführung und Dienstregelung der Zweitkräfte sowie die Information und Betreuung der Eltern.

(4) Frau .... ist in ihrer erzieherischen Tätigkeit an das pädagogische Konzept des Vereins gebunden; darüber hinaus jedoch unabhängig. Absprachen mit den Elternvertretern sind erwünscht. Im übrigen ist sie an die Weisungen des Vereinsvorstandes gebunden.

§ 2 Arbeitszeit

(1) Die regelmäßige Arbeitszeit beträgt ....wöchentlich. Unter Zugrundelegung einer Arbeitszeit von .... Stunden wöchentlich bei Vollbeschäftigung ergibt sich daraus ein Arbeitsumfang von ......%. Pflichtzeiten sind die vom Verein festgelegten Öffnungszeiten des Waldkindergartens. Zur Vorbereitung, Arbeitsplanung und Elternbetreuung stehen die übrigen Zeiten zur freien Einteilung.

(2) Als Ausgleich für die gegenüber den Arbeitnehmern im öffentlichen Dienst verlängerte Wochenarbeitszeit bei Vollbeschäftigung werden pro Kindergartenjahr 5 freie Tage gewährt. Zur Festlegung der Tage siehe § 4 Abs. 2. Diese Regelung ist stets widerruflich, insbesondere bei Verlängerung der Wochenarbeitszeit für die Arbeitnehmer im öffentlichen Dienst.

§ 3 Vergütung

(1) Als feste Vergütung werden monatlich
DM ....
vereinbart. Die Anpassung erfolgt entsprechend der Vergütungsanpassung für die Angestellten im öffentlichen Dienst; erstmals jedoch im Kalenderjahr.

(2) Überstundenvergütungen werden nicht gewährt.

(3) Krankenbezüge werden entsprechend den gesetzlichen Bestimmungen gewährt.

(4) Die Auszahlung der Vergütung erfolgt zum Ende eines jeden Kalendermonats.

§ 4 Erholungsurlaub

(1) In jedem Kindergartenjahr (01.09. - 31.08.) werden .... Tage Erholungsurlaub unter Fortzahlung der Vergütung gewährt.

(2) Als Urlaubszeiträume werden, vorbehaltlich besonderer Regelungen durch den Vereinsvorstand, unter Einbeziehung der freien Tage (§ 2 Abs. 2) nach der Schulferienregelung in .... festgelegt für die

- Weihnachtsferien (bis zu .... Tage)
- Osterferien (....... Tage)
- Pfingstferien (....... Tage)
- Sommerferien (....... Tage).

Etwaige Resttage stehen nach Absprache mit dem Vereinsvorstand zur Verfügung.

(3) Urlaub ohne Bezüge kann nur in besonderen Ausnahmefällen nach Vereinbarung mit dem Vereinsvorstand gewährt werden.

§ 5 Vertragsdauer, Kündigung

(1) Der zunächst befristete Arbeitsvertrag wird auf unbestimmte Zeit verlängert, wenn für das Kindergartenjahr .... erneut eine Betriebserlaubnis erteilt wird und eine Kindergruppe zustande kommt.

(2) Die ordentliche Kündigung des Vertrages ist beiderseits unter Einhaltung einer Frist von 3 Kalendermonaten ohne Angabe von Gründen zulässig.

(3) In besonderen Fällen, insbesondere bei grober Verletzung der Sorgfaltspflichten, ist die außerordentliche Kündigung unter Angabe der Gründe ohne Einhaltung einer Frist möglich.

(4) Die Kündigung bedarf der Schriftform.

(5) Bei Betriebsaufgabe oder Auflösung der Kindergruppe ist die Beendigung des Arbeitsverhältnisses zum Ende des laufenden Kalendermonats vereinbart.

(6) Das Arbeitsverhältnis kann im gegenseitigen Einvernehmen jederzeit beendet werden.

§ 6 Schlussbestimmungen

Nebenabreden, Änderungen und Ergänzungen zu diesem Vertrag sind nur gültig, wenn sie schriftlich vereinbart werden.

....	....
1. Vorsitzender	Arbeitnehmerin

Praktikantenvertrag

zwischen
dem Waldkindergarten .... e.V.,
vertreten durch die 1.Vorsitzende,

und

....

§ 1 Praktikantenverhältnis

(1) Frau .... wird als Anerkennungspraktikantin im Waldkindergarten angestellt. Das Praktikantenverhältnis beginnt am ....

(2) Das Praktikantenverhältnis ist bürgerlich rechtlicher Natur. Neben den Regelungen dieses Vertrages finden die vom Verein erlassenen Betriebs- und Dienstordnungen in der jeweils gültigen Fassung Anwendung.

(3) Frau .... ist in ihrer Tätigkeit an die Weisungen des Vereinsvorstandes und der Erzieherinnen gebunden. Sie wird nach den allgemeinen Vorschriften der Ausbildungsvereinbarung der Schule ausgebildet. In der Kindergartengruppe der Kindergartenleiterin arbeitet sie als Zweitkraft.

§ 2 Arbeitszeit

(1) Die regelmäßige Arbeitszeit ist von .... bis .... Uhr. Hinzu kommt die gesamte Vor- und Nachbereitungszeit, die u.a. Elternarbeit und Feste beinhaltet.

§ 3 Vergütung

(1) Als feste Vergütung werden monatlich
DM ....
vereinbart.

(2) Überstundenvergütungen werden nicht gewährt.

(3) Krankenbezüge werden entsprechend den gesetzlichen Bestimmungen gewährt.

(4) Die Auszahlung der Vergütung erfolgt zum Ende eines jeden Kalendermonats.

§ 4 Erholungsurlaub

(1) In jedem Kindergartenjahr werden .... Tage Erholungsurlaub unter Fortzahlung der Vergütung gewährt.

(2) Als Urlaubszeiträume werden die durch den Vereinsvorstand bestimmten Kindergartenferien festgelegt.
Etwaige Resttage stehen nach Absprache mit dem Vereinsvorstand zur Verfügung.

(3) Urlaub ohne Bezüge kann nur in besonderen Ausnahmefällen nach Vereinbarung mit dem Vereinsvorstand gewährt werden.

§ 5 Vertragsdauer, Kündigung

(1) Das Praktikantenverhältnis beginnt am ....und endet am .... Es besteht eine Probezeit von drei Monaten. In dieser Probezeit kann der Vertrag von beiden Seiten mit einer Frist von zwei Wochen ohne Angabe von Gründen gekündigt werden.

(2) Die ordentliche Kündigung des Vertrages ist beiderseits unter Einhaltung einer Frist von 3 Kalendermonaten zum Monatsende ohne Angabe von Gründen zulässig.

(4) In besonderen Fällen, insbesondere bei grober Verletzung der Sorgfaltspflichten, ist die außerordentliche Kündigung unter Angabe der Gründe ohne Einhaltung einer Frist möglich.

(5) Die Kündigung bedarf der Schriftform.

(6) Bei Betriebsaufgabe oder Auflösung der Kindergruppe ist die Beendigung des Arbeitsverhältnisses zum Ende des laufenden Kalendermonats vereinbart.

(7) Das Arbeitsverhältnis kann im gegenseitigem Einvernehmen jederzeit beendet werden.

§ 6 Schlussbestimmungen

Nebenabreden, Änderungen und Ergänzungen zu diesem Vertrag sind nur gültig, wenn sie schriftlich vereinbart werden.

....	....
1. Vorsitzende	Arbeitnehmerin

Aushilfsarbeitsvertrag

zwischen
dem Waldkindergarten .... e.V.,
vertreten durch die 1.Vorsitzende,
Frau ....

und
Frau ....

§ 1 Arbeitsverhältnis

(1) Frau .... wird als Erzieherin vertretungsweise im Waldkindergarten angestellt. Das Arbeitsverhältnis beginnt am ....

(2) Das Arbeitsverhältnis ist bürgerlich rechtlicher Natur. Neben den Regelungen dieses Vertrages finden die vom Verein erlassenen Betriebs- und Dienstordnungen in der jeweils gültigen Fassung Anwendung.

(3) Frau .... ist in ihrer erzieherischen Tätigkeit an das pädagogische Konzept des Vereins gebunden. Absprachen über den Tagesablauf werden mit dem gesamten Team getroffen. Frau .... ist an die Weisungen des Vereinsvorstandes und der Kindergartenleitung gebunden

§ 2 Arbeitszeit

(1) Die regelmäßige Arbeitszeit ist von .... bis ....Uhr. Hinzu kommt die gesamte Vor- und Nachbereitungszeit.

§ 3 Vergütung

(1) Als feste Vergütung werden monatlich
DM ....
vereinbart.

(2) Überstundenvergütungen werden nicht gewährt.

(3) Krankenbezüge werden nach den gesetzlichen Bestimmungen eines Aushilfsarbeitsvertrages gewährt.

(4) Die Auszahlung der Vergütung erfolgt zum Ende eines jeden Kalendermonats.

§ 4 Erholungsurlaub

(1) In der Vertretungszeit besteht kein Urlaubsanspruch.

§ 5 Vertragsdauer, Kündigung

(1) Das Arbeitsverhältnis beginnt am .... und endet am ....

(2) Eine Kündigung zum .... ist nicht erforderlich.

(3) In besonderen Fällen, insbesondere bei grober Verletzung der Sorgfaltspflichten, ist die außerordentliche Kündigung unter Angabe der Gründe ohne Einhaltung einer Frist möglich.

(4) Die Kündigung bedarf der Schriftform.

(5) Das Arbeitsverhältnis kann im gegenseitigem Einvernehmen jederzeit beendet werden.

§ 6 Schlussbestimmungen

Nebenabreden, Änderungen und Ergänzungen zu diesem Vertrag sind nur gültig, wenn sie schriftlich vereinbart werden.

....	....
Vorsitzende	Arbeitnehmerin

Arbeitsvertrag

zwischen
dem Waldkindergarten .... e.V.,
vertreten durch die 1.Vorsitzende,
Frau ....

und
Frau ....

§ 1 Arbeitsverhältnis

(1) Frau .... wird mit Wirkung vom .... als Vorpraktikantin im Waldkindergarten angestellt.

(2) Das Arbeitsverhältnis ist bürgerlich rechtlicher Natur. Neben den Regelungen dieses Vertrages finden auf dieses Arbeitsverhältnis vom Verein erlassene Betriebs- und Dienstordnungen in der jeweils gültigen Fassung Anwendung.

(3) Frau .... ist in ihrer Tätigkeit an die Weisungen des Vereinsvorstandes und der Erzieherinnen gebunden.

(4) Ihr Arbeitsfeld umfasst die Unterstützung der erzieherischen Tätigkeiten. Sie hat sogleich die Möglichkeit, die gesamte Kindergartenarbeit kennen zu lernen.(Im Speziellen das Arbeitsfeld des Waldkindergartens).

§ 2 Arbeitszeit

(1) Die regelmäßige Arbeitszeit ist von .... bis .... Uhr. Hinzu kommen die 14-tägige Teamsitzung, Kindergartenfeste und kleine Vorbereitungen.

§ 3 Vergütung

(1) Als feste Vergütung werden monatlich
DM .... vereinbart.

(2) Überstundenvergütungen werden nicht gewährt.

(3) Krankenbezüge werden entsprechend den gesetzlichen Bestimmungen gewährt.

(4) Die Auszahlung der Vergütung erfolgt zum Ende eines jeden Kalendermonats.

§ 4 Erholungsurlaub

(1) In jedem Kindergartenjahr werden .... Tage Erholungsurlaub unter Fortzahlung der Vergütung gewährt.

(2) Als Urlaubszeiträume werden die durch den Vereinsvorstand bestimmten Kindergartenferien festgelegt.

Etwaige Resttage stehen nach Absprache mit dem Vereinsvorstand zur Verfügung.

(3) Urlaub ohne Bezüge kann nur in besonderen Ausnahmefällen nach Vereinbarung mit dem Vereinsvorstand gewährt werden.

§ 5 Vertragsdauer, Kündigung

(1) Das Arbeitsverhältnis besteht vom .... bis .... Es besteht eine Probezeit von einem Monat. In dieser Probezeit kann der Vertrag von beiden Seiten mit einer Frist von zwei Wochen ohne Angabe von Gründen gekündigt werden.

(2) Die ordentliche Kündigung des Vertrages ist beiderseits unter Einhaltung einer Frist voll 3 Kalendermonaten zum Monatsende ohne Angabe von Gründen zulässig.

(3) In besonderen Fällen, insbesondere bei grober Verletzung der Sorgfaltspflichten, ist die außerordentliche Kündigung unter Angabe der Grunde ohne Einhaltung einer Frist möglich.

(4) Die Kündigung bedarf der Schriftform.

(5) Bei Betriebsaufgabe oder Auflösung der Kindergruppe ist die Beendigung des Arbeitsverhältnisses zum Ende des laufenden Kalendermonats vereinbart.

(6) Das Arbeitsverhältnis kann im gegenseitigem Einvernehmen jederzeit beendet werden.

§ 6 Schlussbestimmungen

Nebenabreden, Änderungen und Ergänzungen zu diesem Vertrag sind nur gültig, wenn sie schriftlich vereinbart werden.

....	....
1. Vorsitzende	Arbeitnehmerin

Literaturverzeichnis

ARNDT, Marga: Die Natur erlebt und beobachtet mit Vorschulkindern. Neuwied 1991

BAYERISCHES STAATSMINISTERIUM FÜR ERNÄHRUNG, LANDWIRTSCHAFT UND FORSTEN: Forstliche Bildungsarbeit – Waldpädagogischer Leitfaden nicht nur für Förster. Bezug über das Ministerium, Ludwigstr. 2, 80539 München.

BECKER-TEXTOR, Ingeborg: Kindergarten 2010. Freiburg 1994

BRUHN, Manfred: Handbuch. Markenartikel-Anforderungen an die Marktpolitik aus der Sicht von Wirtschaft und Praxis. Stuttgart 1994

BRUHN, Manfred: Sozio- und Umwelt-Sponsoring: Engagement von Unternehmen für soziale und ökologische Aufgaben. München 1990

CH-Waldwochen. Naturerlebnis Wald und »Eine Nacht unter den Sternen«, Rebergstraße, CH-4800 Zofingen (Herausgeber und Bezugsadresse)

CORNELL, Joseph: Mit Kindern die Natur erleben.

CORNELL, Joseph: Auf die Natur hören – Wege zur Naturerfahrung.

DÜRING, Rolf: Ganzheitliche Umwelterziehung am Beispiel des Waldes. Haag und Herchen 1991

GEBHARD, Ulrich: Kind und Natur. 1994

GOLEMANN, Daniel: Emotionale Intelligenz. München 1996

HESSE, Hermann: Bäume. 1984

HESSE, Hermann, Schmetterlinge. 1979

Hessisches Ministerium für Umwelt, Energie, Jugend, Familie und Gesundheit: Waldkindergarten. Frankfurt/M. 1998

KLAFF, Michael: Handbuch zur Natur- und Umweltpädagogik. Tuningen 1994

HOFFMANN, Martin: 1. Empathy, Social Cognition and Moral Action. In: W. Kurtines und J. Gerwitz, (Hrsg.) Moral Behavior and Development: Advances in Theory, Research and Applications. New York 1984

HOFMEISTER, Heinrich: Lebensraum Wald. 1990

KEMPFER, Herbert: Wie gründe und leite ich einen Verein? München1967

KÖLLNER, Sabine und LEINERT, Cornelia: Waldkindergärten. 1997

Kronberger Kreis für Qualitätsentwicklung in Kindertageseinrichtungen: Qualität im Dialog entwickeln. Seelze 1998

Lechner-Knecht, S.: Kommt und erlebt die Wunderwelt des Waldes. Tuningen 1990

Michael-Hagedorn, Regina; Freiesleben, Katharina: Kinder unterm Blätterdach. 1999

Nadolny, Sten: Die Entdeckung der Langsamkeit. 1984

Nützel, Rudi: Den Wald erleben mit Kindern. München 1998

Recheis/Bydlinski: Weißt du, dass die Bäume reden? Freiburg 1985

Reiniger, Robert: Das Problem der Ethik. In: Hauptströmungen der Gegenwertphilosophie. Stuttgart 1969

Schleder: Steuerrecht der Vereine. Herne 1995

Vester, Frederic: Ein Baum ist mehr als ein Baum. München 1985

Wahrig, Gerhard: Deutsches Wörterbuch. München 1997

Walther, Friedrich J.: Vereine und Gesellschaften. München 1995

Anschriften bestehender Landesverbände

Wald- und Naturkindergärten
Landesverband Baden-Württemberg e.V.
Andra Mayer, Verwaltung, Kirchheimerstr. 45, 73269 Hochdorf
Tel.: 07153-990079/Fax: 07153-23793
e-mail: andra.mayer@uni.de
Web: www.LV-Waldkindergaerten.de

Landesverband Wald- und Naturkindergärten in Bayern e.V.
Königsberger Str. 69
86167 Augsburg
Tel.: 0821-72989288
Fax: 0821-72989388
e-mail: info@waldkindergarten.net

Tipp

Bei Anfragen empfiehlt es sich, einen frankierten Rückumschlag beizulegen.

Videos zum Thema »Waldkindergarten«:
K. Gerwig, Pfalzstr. 10, 34260 Kaufungen

Sachwortverzeichnis

E

F

G

H

I

J

K

L

Die Autorin

Ingrid Miklitz, geb. 1952 in Großbritannien, Sozialpädagogin, Dipl.-Sozialwissenschaftlerin, Zusatzausbildung zur Spielpädagogin, Naturpädagogin im Bereich Heilpädagogik und Erlebnispädagogik. 1989 – 1991 Aufenthalt in den USA und Mitarbeit im Elementar- und Grundschulbereich, 1993/1994 Mitarbeit in einem Waldorf-Kindergarten, wiss. Lehrerin an der Fachschule für Sozialpädagogik und Fachschule für Organisation und Führung, seit 1996 aktive Mitarbeiterin in der Waldkindergartenarbeit, Referententätigkeit in der Fortbildung von Lehrern, Erziehern und Sozialpädagogen.